正面管教的技巧

徐苑琳 ◎ 编著

中国纺织出版社有限公司

内 容 提 要

正面管教不是纵容，也不是放任自流，而是顺应孩子的天性，对孩子以引导为主，有节制、有目的、有效果的教养方式。家庭教育要从父母的积极改变开始，协调好亲子关系，这样才能起到事半功倍的效果。

本书以正面管教的教育原则为出发点，结合孩子在成长过程中出现的各种问题以及由此给父母带来的各种困惑，从教育心理学的角度，卓有成效地指导父母以孩子乐于接受的方式管教孩子，引导孩子，成就孩子。

图书在版编目（CIP）数据

正面管教的技巧 / 徐苑琳编著. --北京：中国纺织出版社有限公司，2020.4
ISBN 978-7-5180-7124-1

Ⅰ.①正… Ⅱ.①徐… Ⅲ.①家庭教育 Ⅳ.①G78

中国版本图书馆CIP数据核字（2019）第289177号

责任编辑：赵晓红　　责任校对：韩雪丽　　责任印制：储志伟

中国纺织出版社有限公司出版发行
地址：北京市朝阳区百子湾东里A407号楼　邮政编码：100124
销售电话：010—67004422　传真：010—87155801
http://www.c-textilep.com
中国纺织出版社天猫旗舰店
官方微博http://weibo.com/2119887771
天津千鹤文化传播有限公司印刷　各地新华书店经销
2020年4月第1版第1次印刷
开本：710×1000　1/16　印张：13
字数：137千字　定价：39.80元

凡购本书，如有缺页、倒页、脱页，由本社图书营销中心调换

前言

孩子在刚刚降临人世的时候非常依赖和信任父母，但随着渐渐长大，孩子渐渐疏离父母。随着自我意识的不断觉醒和增强，孩子还会产生逃离父母的渴望，归根结底，不是因为父母做得不够好，也不是因为孩子不够优秀，而是因为父母和孩子之间没有找到最恰当的相处方式。换而言之，也可以说父母没有做到正面管教孩子，因而激发起孩子的逆反心理，导致孩子与父母陷入对立的局面。

父母把所有的时间、精力和心血都投入到孩子身上，孩子却想要逃离，父母一定会感到非常沮丧失望，甚至是绝望无助，因为不知道问题出在哪里，也不知道孩子为何会否定父母的一切付出和努力，产生消极抵触或者对抗的情绪。

实际上，每个孩子在呱呱坠地、降临人世的时候，都如同一张白纸，生命了无痕迹，只等着勾勒和增色。然而，如果父母的教育方式不对，非但无法助力孩子成长，反而会使孩子的成长陷入被动的状态，也起到事与愿违的效果。在孩子还小、没有能力去理性思考，也没有权利去决定和选择时，父母给予孩子的一切往往会决定孩子的成长和人生的方向。因而为人父母实在是一件责任重大的事情，绝不是照顾孩子的吃喝拉撒就行了。正因为如此，有人说为人父母，是这个世界上最伟大且需要毕生从事的事业，这话毫不夸张。

在这个世界上，有各种各样的职业，相关的从业人员在正式上岗之前，总是会接受培训，做好准备。唯独当父母，是没有办法提前做准备的，因为你不知道自己即将面对的是一个怎样的生命。新手父母如此，哪怕是已经有一个孩子的父母，在迎接第二个、第三个孩子的到来时，同样产生这样的困惑。

要不要管孩子？意大利教育家蒙台梭利说，儿童是成人之父，儿童有内在的节奏去驱使生命向前发展。当然，蒙台梭利的教育观点是正确的，但是不是教我们对孩子放任自流。

如何管孩子？每个孩子都是这个世界上独立的生命个体，有自己的生命特征、脾气秉性，也有自己的兴趣爱好和人生目标。父母对待每个孩子都要怀着全新的态度，采取全新的方式，因为每个孩子都是与众不同的，每个孩子都值得父母投入全部的时间、精力和心理去对待。

由此一来，父母陷入进退两难之中，给孩子绝对的自由行不通，给孩子绝对的管制更不可能，唯有先选择正确的教育方式，再给予孩子适度的教育和引导，才能让教育起到或多或少的效果。那么，在教养孩子的过程中，父母应该以什么为纲呢？

不管对待怎样的孩子，父母都要坚持正面管教的原则。所谓正面管教，就是摒弃传统教育理念下对于孩子的过分管制和压制；就是要尊重孩子的天性，以引导孩子为主；就是要了解孩子的身心发展特点，因势利导；就是要避免以好坏定义孩子，更不要给孩子贴上负面标签，导致孩子对自己产生错误的认知和评价……正面管教说起来只有简单的四个字，真正想要把它贯彻执行下去，在教养孩子的过程中做好，是需要父母加倍努力和用心的。

每对父母都希望自己的孩子健康快乐，既然如此，就不要再犹豫，多多了解正面管教，才能真正贯彻执行正面管教，也才会在看到教育产生的积极效果之后，义无反顾地坚持正面管教。所谓的正面管教，其实就是告诉父母：要想教育好孩子，就要从父母的积极改变开始！

编著者
2019年10月

目 录

第1章　什么是正面管教，父母怎样做到正面管教 ……001

为人父母要情绪稳定、和善坚定 ……002

引导孩子做好选择题 ……004

保持良好的日常惯例 ……006

一诺千金，要慎重对待诺言 ……008

让孩子找到归属感，实现价值 ……011

多多鼓励孩子，激发内部动机 ……013

不要随意给孩子贴标签 ……015

引导孩子自己解决问题 ……017

第2章　会管教的父母，永远不让孩子缺乏安全感 ……021

帮助孩子建立安全感 ……022

表达爱，让孩子感受到父母的爱 ……024

怀着赤子之心，才能与孩子同一战壕 ……026

不催促，尊重孩子内在的节奏 ……028

爱孩子，不要带有附加条件 ……030

父母是孩子的老师，孩子是父母的镜子 ……032

第3章　做让孩子尊敬的父母，平等地与孩子相处 ……035

放低身段，与孩子顺畅沟通 ……036

尊重孩子，给孩子留面子 ……………………………… 038

认可孩子每一个小小的进步 …………………………… 040

用心、耐心地倾听孩子 ………………………………… 042

平等对待孩子，沟通事半功倍 ………………………… 045

用孩子能接受的方式指引孩子 ………………………… 047

批评，是一门艺术 ……………………………………… 049

第4章 培养孩子自信心，让孩子成为正直而自信的人 …… 053

有自信，人生更积极 …………………………………… 054

诚实，是孩子最难能可贵的品质 ……………………… 056

拥有自制力，成长更稳健 ……………………………… 058

鼓励孩子勤奋努力，不要夸赞孩子聪明 ……………… 060

孩子要体谅父母的辛苦，感恩父母 …………………… 062

善良，是孩子受益一生的优秀品质 …………………… 065

有影响力的孩子一呼百应 ……………………………… 067

帮助孩子主宰情绪，掌控人生 ………………………… 070

第5章 孩子成长的好习惯，要靠父母精心培养 ………… 073

孩子的情绪宜疏不宜堵 ………………………………… 074

适当给自负的孩子泼冷水 ……………………………… 076

避免孩子养成偷窃的坏习惯 …………………………… 079

耐心引导，帮助孩子改掉粗心的毛病 ………………… 082

不催促，引导孩子提高效率 …………………………… 084

第6章 做善言温暖的父母，不说伤孩子心的话 …… 087

合格的父母从不挖苦讽刺孩子 …… 088
过高的期望让孩子沮丧绝望 …… 090
孩子不是用来比较的 …… 092
就事论事，不要全盘否定孩子 …… 095
打开心扉，真诚与孩子交流 …… 098

第7章 别忽视言传身教的作用，父母是孩子最爱模仿的人 …… 101

谨言慎行，成为孩子的好榜样 …… 102
净化语言环境，让孩子远离脏话 …… 104
吃一大口，让孩子学会分享 …… 107
父母言行端正，孩子品行优良 …… 109
孝敬，是代代相传的传统美德 …… 111

第8章 溺爱不可取，孩子需要正确的关爱才能健康成长 …… 113

溺爱，是对孩子最大的害 …… 114
任性的孩子，只因得到的爱太多 …… 116
适度给孩子物质奖励 …… 118
不以自我为中心，才能拥有好人缘 …… 121
挫折教育，让孩子更坚强 …… 123

第9章　鼓励孩子结交朋友，让孩子在待人接物中学会爱和付出 127

热情大方，学会和陌生人搭讪 128
不斤斤计较，拥有更多朋友 130
心怀大爱，助人为乐 132
学会关心和被关心 135
学会感恩，拥有感恩之心 138
当好小主人，礼貌周到地待人接物 140

第10章　想让孩子提高学习成绩，多给予孩子正向的鼓励 145

提振信心，让孩子不惧怕失败 146
目标明确，孩子自然动力强劲 148
父母耐心引导，孩子全面发展 150
孩子为何会害怕考试 154
认同孩子的情绪，鼓励孩子再接再厉 156
让孩子成为父母的小老师 159

第11章　金钱教育不可忽视，越早养成好的金钱观念越早受益 163

钱不是万能的，没有钱是万万不能的 164
让孩子知道钱的来路 166
给孩子提供机会，让孩子感受挣钱的艰难 168
帮助孩子养成储蓄意识 171
引导孩子合理安排有限的金钱 174

勤俭节约，让贫穷激励孩子节俭 …………………………… 176

不仇富，让孩子接受贫富差距 ……………………………… 179

第12章 给孩子足够的宽容，让他们敢自由去认知世界 ………… 181

宽容孩子，接纳孩子的错误 ………………………………… 182

孩子爱顶嘴，也许只是有主见 ……………………………… 184

悦纳孩子的奇思妙想 ………………………………………… 187

孩子具有创新意识是好事 …………………………………… 189

给孩子展示的机会，让孩子自由自在 ……………………… 191

宽容而不纵容，让孩子始终不脱轨 ………………………… 193

参考文献 ………………………………………………………………… 197

第1章
什么是正面管教，父母怎样做到正面管教

作为父母，在教育孩子的过程中一定要控制好自己的情绪，才能最大限度给予孩子适度的教育，而不至于因为情绪失控，就对孩子做出过分冲动的事情。正如心理学家经过研究发现的那样，人在盛怒之下智商降低，作为父母，一定要保持情绪平静，才能保持较高水平的智商，给予孩子正面的管教和引导，这是比挖苦讽刺、无情打击孩子等不当管教方式更卓有成效的。

为人父母要情绪稳定、和善坚定

每一对父母都自诩是这个世界上最爱孩子的人，这也的确是事实，无可指责和非议，但是父母尽管爱孩子，却未必能够完全教育好孩子，就是因为每一对父母都没有相关资格证书，也没有进行上岗前培训，就走上了父母的岗位，就开始摸着石头过河。甚至有些父母自身都不够成熟，情绪也不太稳定，就要面对调皮捣蛋、状况百出的孩子，所以作为父母难免情绪失控，也在手忙脚乱之中对孩子采取错误的措施，做出错误的举动。

毋庸置疑，每一个父母都很爱孩子，也真正望子成龙、望女成凤，想要给予孩子最好的教育，也想引导孩子成就精彩辉煌的人生。然而，孩子的成长绝不是一蹴而就的短期事件，而是要经历漫长的时间，离不开父母的悉心照顾和用心培养。要想成为合格且优秀的父母，父母就一定要情绪稳定、和善坚定，才能时刻给予孩子正确的引导，也保证孩子健康快乐有序地成长。

3岁半的恬恬刚刚开始上幼儿园小班，因为初入幼儿园，所以她对于幼儿园还有些抵触。

有一天早晨，不知道为何，恬恬很不愿意去幼儿园，赖在床上不愿意穿衣服。为了哄恬恬起床，面对恬恬要去捡树叶的请求，奶奶不假思索地答应："好的，你快穿衣服，咱们就去捡树叶。"结果，恬恬很积极地穿好衣服，洗漱完，奶奶就带着恬恬朝着幼儿园走。恬恬走了一会儿，发现

路线不对，一个劲儿地哭闹，坚持要去捡树叶，最终被奶奶连拉带拽地拖去幼儿园了。后来，妈妈得知情况，对奶奶说："妈，以后不要骗她，告诉她真相，告诉她必须去幼儿园，她也许不愿意接受，但是接受之后就不会这么抵触和抗拒了。"次日，恬恬又要去捡树叶，妈妈一本正经地告诉恬恬："恬恬，每个小朋友都要去幼儿园上学，和小朋友们一起玩，等到放学的时候才能去捡树叶。"恬恬显然不乐意，继续说："我就要去捡树叶。"妈妈坚定不移地告诉恬恬："不行，幼儿园放学才能去捡树叶。"恬恬意识到妈妈的态度坚决，勉为其难地说："那好吧。"就这样，妈妈送恬恬去幼儿园，恬恬一路上都没有再说起不想去幼儿园的话，在进入幼儿园即将与妈妈告别的时候，恬恬问妈妈："妈妈，放学后去捡树叶吗？"妈妈点点头，笑着对恬恬承诺："对的。下午，妈妈来接你放学，然后和你一起去捡树叶，还带你坐摇摇车，好不好？"恬恬高兴地点点头。

在这个事例中，恬恬之所以那么抵触去幼儿园，坚持要去捡树叶，是因为奶奶不遵守诺言。毫无疑问，奶奶的做法是错误的，为了哄恬恬去幼儿园，奶奶不假思索就答应恬恬的请求，这才惹得恬恬因为奶奶不兑现诺言而陷入愤怒的情绪之中，也更加排斥去幼儿园。后来，妈妈的态度和善坚定，告诉恬恬每个小朋友都必须去幼儿园上学，也告诉恬恬放学后可以去捡树叶，从而恬恬在经过理性的思考之后，接受了自己必须去幼儿园的事实，在去幼儿园的路上非常配合，没有再抗拒。

父母在教育孩子的时候，一定要坚持和善而又坚定的原则和态度，切不要为了达到自身的目的就哄骗孩子，口不择言，否则就会在孩子面前失去威信，也会导致孩子情绪愤怒。当然，和善而坚定的教养模式并非朝夕之间养成的，而是需要父母在长期教养孩子的过程中原则一致，绝不轻易妥协，才能最大限度引导孩子身心健康成长，也才能给孩子营造统一的家庭教育环境。

引导孩子做好选择题

为了启迪孩子的思路，激发孩子的思维，父母应该以发散式提问方式提问孩子，从而给孩子更大的生发空间，让孩子自由地回答问题。如果想要引导孩子做出预期的回答，让孩子的选择更符合父母的期望，则父母可以对孩子进行封闭式提问。所谓封闭式提问，顾名思义，就是孩子给出答案的选择范围很小，有些封闭式提问的答案就隐藏在问题里。例如对于很多选择性提问，答案就在题干里。诸如"你喜欢吃香蕉，还是吃苹果"，对于这个问题，孩子不能回答"喜欢吃西瓜"。还有些封闭式提问的答案是肯定或者否定，例如"你喜欢吃香蕉吗"，孩子只能回答"喜欢"或者"不喜欢"，而不能回答"我喜欢吃橘子"。所以若父母想引导孩子的思路，让孩子在一定范围内给出回答，就要以选择题的方式提问孩子，也在潜移默化中引导孩子做好选择题。

有相当一部分成人会有选择恐惧症，所以他们并不希望面对太多的选择，反而在封闭的回答空间里，他们更容易做出选择，也更能够理智地决定。同样的道理，孩子虽然没有选择恐惧症，但是孩子的生活经验有限，理性思维能力不足，所以孩子面对诸多选择往往也无所适从。如果父母能够限定孩子选择的范围，让孩子只需要比较不同选项之间的优劣，则孩子更容易做出选择。此外，若父母不希望孩子的选择超出父母所能接受的范围，认为孩子还需要监管，也可以采取封闭式提问的方式与孩子进行

沟通。

最近，学校组织学生报名参加兴趣班，刚刚升入二年级的小杰也想参加兴趣班，但是当把兴趣班的单页拿回家之后，看着十几门兴趣班课程，小杰却犹豫了。小杰觉得每个兴趣班都好，唱歌好，练字好，武术好，打鼓也很好，还有机器人的实验班，也是小杰感兴趣的。看着小杰为难的样子，妈妈在分析之后，为小杰限定了3个兴趣班：唱歌、武术、机器人。妈妈对小杰说："小杰，从这3个里面选择一到两个兴趣班吧，只要用心学习，就会很出色的。"选项减少，小杰选择起来就没有那么困难了。

小杰想了想，说："那我就一文一武吧，唱歌和武术。机器人的话，我可以等到生日的时候买乐高积木，在家里玩。"就这样，小杰很快做出选择，再也不犹豫纠结了。

小杰一开始之所以觉得难以选择，就是因为选项太多，足足有十多种选项，这让小杰非常犹豫，根本不知道自己应该如何取舍。幸好妈妈理智地帮助小杰进行初步筛选，这样一来，小杰选择范围变小，也可以对自己的内心有更多的了解和把握，因而也就决定报名兴趣班的事宜。

当然，在给孩子限定选择范围的时候，还需要注意的是，随着不断的成长，孩子的自我意识越来越强，父母也要与时俱进，不断扩大给孩子的选择范围。这样一来，才能适应孩子的独立自主需求，更符合孩子成长的规律。此外，父母还要尊重孩子，平等地与孩子交流，为孩子营造民主和谐的家庭氛围。父母一定要记住，切勿把听话作为对孩子的最高要求，因为听话的孩子往往缺乏主见，长大成人之后也无法很好地为自己的人生做主，缺乏决断性。所以父母要给孩子机会犯错，即使孩子还无法理性做出最佳选择，在一次又一次为自己做主的过程中，孩子也会不断地提升能力和水平，最终成长为真正独立的人。

保持良好的日常惯例

孩子要想身心健康地成长,就要保持良好的作息习惯,按时起床、睡觉,吃饭、洗漱,按时完成该做的事情,也留出独属于自己的时间享受片刻的安静和休闲。这样按部就班的生活看起来日复一日,其实却能帮助孩子养成生活的好习惯,也能让孩子在有序的生活中获得更好的成长和进步。

建立日常惯例,坚持有规律的作息和生活,除了有益于孩子的身心健康之外,还助于帮助孩子设立界限。但需要注意的是,希望孩子能够如同机器人一样精准地珍惜时间,是根本不可能的。每天早晨,总有父母为孩子不能按时起床而抓狂;每天晚上,也总有父母为哄孩子上床睡觉而煞费苦心。孩子不可能分秒不差地遵守作息时间,然而即便如此,如果孩子能够形成基本的作息习惯,对于孩子的成长和家庭生活的规律性也是非常有益的。所谓习惯成自然,当孩子自然地遵守习惯,父母对于孩子的养育自然也会变得更轻松。

需要注意的是,作息习惯绝非只针对孩子一个人,父母要想让孩子积极主动地遵守作息习惯,就要全家总动员。孩子很讲究平等,也希望自己真正融入家庭生活,因为父母在制定作息制度的时候,要考虑到全体家庭成员的习惯,从而兼顾各个方面,也尽量让家庭成员在日常生活中步调一致,尽量和谐。每个人都是社会的一员,每个人都要在群体中生活,尽管家庭成员之间亲密无间,但是家庭也是一个小团体,同样需要保持一致性,彼此尊重和迁就,才能保持良性运转。而且,在日常惯例的指导下,若父母遵守惯例,孩子就会自发主动地遵守惯例,长大成人之后走上社会,也会拥有规矩意识,不会盲目地挑战规矩和权威。

自从升入小学二年级，小杰就有了阅读的任务。每到小长假或者寒暑假的时候，老师就会布置书目，让孩子们完成阅读。然而，小杰从小就不喜欢读书，只喜欢看电视。为此，小杰经常无法完成老师布置的阅读任务，爸爸妈妈也被老师电话谈话了好几次。爸爸妈妈想出各种办法对小杰威逼利诱，小杰还是不喜欢读书。一个偶然的机会，妈妈听到教育专家说父母爱读书，家里充满书香气，孩子才爱读书，因而听取教育专家的建议，在家里开展亲子阅读活动。

每个周六的晚上，从6点到9点的3个小时，就是雷打不动的亲子阅读时光。一开始，小杰还不愿意捧起书本，后来发现在阅读时光里，爸爸不再打游戏，妈妈不再淘宝购物，小杰只好关掉电视，和爸爸妈妈一起读书。最初，为了培养小杰的阅读兴趣，妈妈陪伴小杰一起读书。后来，小杰渐渐地爱上阅读，小杰开始独立读书，爸爸妈妈则各自读自己喜欢的书。看着小杰对阅读越来越感兴趣，爸爸妈妈也在远离电子产品的时刻感受到久违的书香，全家人一致同意再增加一个晚上作为亲子阅读时光，全家人一起读书。在读书的过程中，小杰眼界开阔了，思想更加成熟，有了很大的进步。

父母带头去做，比对孩子说多少句话都更管用。当然，坏习惯的养成很容易，因为人的本性就是趋利避害，就是喜欢自由地放纵自己，而不希望被约束。相比坏习惯，好习惯的养成难度很大，必须经过长期的坚持和自我约束，才能最终习惯成自然，才能在固定的时间理所当然做最该做的事情。很多父母对于建立日常惯例存在误区，即觉得孩子还小的时候，无须遵守惯例。实际上，即使孩子很小，也可以参与建立日常惯例。从某种意义上而言，孩子越是从小时候开始建立和遵守惯例，越能很好地遵守惯例。当然，引导年幼的孩子遵守惯例，父母需要付出极大的耐心，最好不

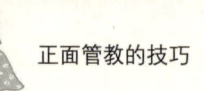

要采取强制的手段，否则一旦激起孩子的逆反心理，孩子会极其不配合。耐心地提醒孩子，引导孩子，或者在孩子面前以身示范，这是更好的方式。孩子都有很强的模仿能力，尤其喜欢学习父母去做很多事情。举例而言，父母要求孩子刷牙，一味地提醒也许不能起到很好的效果，父母可以不刻意提醒孩子，而是全家总动员："该刷牙喽！"这样一来，哪怕孩子有些不情愿，看到父母也在刷牙，为了获得集体认同感，他也会刷牙。显而易见，身教大于言传，这样的说法是很有道理的，父母也唯有把身教做好，对孩子的言传才能起到更好的效果和作用。

日常生活中，很多生活惯例的建立，都可以采取全家总动员的方式进行，也方便父母对孩子展开身教。例如家庭里的大扫除，再如为全家人准备丰盛的一餐，每个周末全家人一起享受亲子阅读时光，都可以让孩子切实参与，从而帮助孩子循序渐进地养成良好的习惯。

一诺千金，要慎重对待诺言

对于不遵守诺言的父母，诺言不值一提。对于遵守诺言的父母，诺言一字千金。很多父母在与孩子沟通的时候非常情绪化，总是因为冲动就对孩子做出各种各样的许诺，而又在过后恢复理性，感到后悔，不愿意对孩子兑现承诺，就不断找理由推脱。对于孩子而言，这样的感受无疑是非常糟糕的，因为大多数孩子都会牢牢记住父母的承诺，也会眼巴巴地盼望着父母兑现诺言。当意识到父母不会兑现诺言时，有的孩子把委屈埋藏在心里，对于父母却不再信任；有的孩子出离愤怒，与父母产生激烈的争执；还有的孩子会质疑父母，与父母闹得不欢而散。

不管是怎样的结果，父母在给孩子承诺之后又食言，都是完全错误的。首先，父母食言会失去孩子的信任，原本孩子把父母当成最信赖的人，因此当他们对父母的信任土崩瓦解，他们对于整个外界的信任都会受到很大的影响。其次，孩子很容易受到父母的影响，他们不但学习父母优秀的品质，也会在不知不觉中受到父母错误言行举止的影响，如果孩子以后也成长为一个缺乏诚信的人，可想而知孩子的人生将会受到多么严重的影响。从这两个主要角度而言，父母一定要对孩子谨言慎行，也要努力践行对孩子的承诺。

在中国古代，有个人叫曾子。曾子是一个正人君子，不但品德高尚，而且诚实守信。

有一天，曾子的妻子和邻居相约去集市上买一些日常用品，孩子看到妈妈要去赶集，也吵闹着要和妈妈一起去。妈妈不想带着孩子，因而随口哄骗孩子："乖乖在家等着哦，妈妈回家之后就给你杀猪吃肉。"在当时，普通人家只有过年的时候才能吃到肉，为此孩子听说有肉吃，马上不再吵闹，而是搬了个板凳眼巴巴地坐在院子门口，等着妈妈回家。

曾子看到孩子坐在门口，不愿意进屋，感到很纳闷，就询问孩子缘由。孩子告诉曾子："妈妈说等她赶集回家就杀猪吃肉，我在等妈妈呢！"眼看着夕阳西下，妈妈还没回来，曾子让孩子进到院子里坐着，自己则开始磨刀。没过多久，妻子回来，一进院子就看到曾子在磨刀，惊讶地问："这不过年不过节的，你磨刀干什么呀？"曾子说："磨刀杀猪啊！"妻子早就忘记了自己哄骗孩子的话，说："你疯了吧，距离过年还有两三个月呢，你现在把猪杀了，猪还没长肥，而且咱们过年吃什么呀！"曾子说："你告诉孩子赶集回来就杀猪吃肉，如果不能兑现的话，孩子将来也会说话不兑现，做人没有诚信，谁还愿意相信他呢？他的一生又要如何度过呢？"妻子觉得曾子的话很有道理，也很懊悔自己信口开河哄骗孩子，因而当即和曾子一起忙碌起来，帮着曾子杀猪。后来，他们做了满满一大锅猪肉，除了自己家吃肉，还分了很多猪肉给村里的邻居吃呢！

曾子说得很有道理，如果这次妻子欺骗孩子没有杀猪，那么孩子就会误以为一个人说出去的话不需要兑现，将来也会变成没有诚信的人，根本无法立足社会。曾子家可能过年时没猪肉吃了，但是却帮助孩子养成了优秀的品格，让孩子以诚信立足，这对于孩子的成长和人生的发展都是至关重要的。

还有很多父母并非刻意对孩子食言，而是因为过早地对孩子做出承诺，导致兑现承诺的时候情况有变，无法对孩子兑现诺言。在这种情况下，如果孩子抱怨父母不遵守诺言，父母也很委屈，会说工作上需要加班、老人生病临时走不开等理由。然而，孩子还小，不知道人生之中有这么多无奈，也无法完全体谅父母。作为父母，要想避免这种情况的发生，不要强求孩子一定理解父母，而是要改变方式，不要过早地对孩子做出承诺，可以等事到临头的时候再告诉孩子诺言，这样既能够给孩子一个惊喜，也大大降低了事到临头发生变故的概率，可谓皆大欢喜。如果想让孩子提前做好准备，就不要把事情说得太确定，而可以将其作为一项日程列入家庭待办事项进行讨论，从而给孩子心理缓冲的空间，也让孩子意识到很多事情的兑现并没有那么顺利，而是会受到很多方面因素的影响和干扰。此外，当发现孩子总是轻易做出承诺而不能兑现诺言的时候，父母可以告诉孩子："一诺千金，如果不确定能兑现诺言，就先不要承诺，等做到了之后再说，也同样会给人惊喜。"唯有如此，孩子才能端正态度，避免轻易承诺，也能够全力以赴兑现诺言。

让孩子找到归属感，实现价值

在社会生活中，每个人都需要找准自己的位置，从而才能找到归属感，也努力地实现自身的价值。如果作为社会的一员没有归属感，或者不能实现自身价值，就会感到非常迷惘，也会因此而感到人生漫无目标和方向，导致做人做事的效率都会大大降低。

父母在引导孩子成长的过程中，也要不断激励孩子，帮助孩子确定人生目标和方向，在孩子感到迷惘的时候，帮助孩子找到归属感，这很重要。每个人都是自然意义上的生命个体，是独立的，但是每个人同时也是社会意义上的生命个体，需要融入团体之中才能生存，才能更好地证明生命意义和价值。

从心理学的角度来说，归属感对于孩子的人生有至关重要的意义。心理学家经过研究发现，没有归属感的孩子往往会做出以下四种错误行为：第一，寻求过度关注；第二，寻求权力，企图以权力证明自己；第三，恶意报复；第四，在遇到小小的难题时就倾向于放弃，因为自我认知过度，不认为凭借着自身能力可以把事情做好，获得成功。尤其是第四点，在很多孩子身上都有所表现，他们的自我认知度太低，因而总是会怀疑自己，也导致人生信念产生动摇。作为父母，在发现孩子缺乏信心的时候，不要总是盲目地鼓励孩子，而应该洞察孩子自卑背后隐藏的深层次心理原因，才能有的放矢疏导孩子的心理问题，也给予孩子更好的指引和帮助。

瑞瑞9岁，读小学三年级。中年级学习任务加重，在一、二年级时候非常优秀的瑞瑞，在学习成绩方面有了很大的波动。渐渐地，瑞瑞表现出自卑的样子，每次遇到稍微有些难度的学习任务，他总是当即否定自己：

"我不行,我做不到。"最终,这样的情绪蔓延到生活的方方面面,瑞瑞在做很多事情的时候,还没有尝试就会放弃,这让妈妈很担心。

意识到瑞瑞的自卑心理之后,妈妈开始有意识地鼓励瑞瑞。有一次,妈妈和瑞瑞一起去游乐场玩耍,看到一个高难度的攀岩项目,瑞瑞忍不住想要拒绝。妈妈鼓励瑞瑞:"瑞瑞,你可以的。"瑞瑞说:"我不行,太高了,我肯定有恐高症。"妈妈继续鼓励瑞瑞:"瑞瑞,你看,每个人身上都是有安全绳的。你不试验一下,怎么知道自己行不行呢!"瑞瑞还是很迟疑,妈妈坚持鼓励瑞瑞,最终,瑞瑞勇敢地尝试,居然真的攀到了最高峰。有了这次成功的经历,瑞瑞逐渐找回了自信,最终成为一个勇敢的孩子,再也不妄自菲薄。

每个孩子唯有拥有信心,才能最大限度发挥自身的力量,获得成功。而如果没有信心,则常常会连尝试都不尝试,就放弃。这样一来,虽然降低了失败的可能,却也失去了成功的可能性。因而父母在引导和教育孩子的过程中,千万不要舍本逐末,而要最大限度地激发孩子的动力,让孩子积极主动地展示自己的能力和才华,寻找到人生归属感,也拼尽全力创造人生的价值。

对于缺乏信心的孩子,很多父母会因为厌烦而选择放弃。殊不知,孩子越是在做事情的时候摇摆不定,父母越是要给孩子积极的鼓励和引导,从而让孩子能够激发自身的潜能,全力以赴奔向成功。

父母尤其需要注意的是,不要对孩子有厌烦心理,而是要用心教导孩子,引导孩子,给孩子带来希望和信心,从而让孩子不断地自我突破,努力地实现蜕变。

多多鼓励孩子，激发内部动机

在教育孩子的过程中，很多父母都会无意中犯一个错误，即以物质奖励的方式激励孩子，导致日久天长，孩子的学习动机不足，甚至必须有物质奖励，才能更有动力和信心去拼搏努力。殊不知，外部动机并不能持续，父母经常给孩子物质奖励，也常常导致孩子的内部动机渐渐消失，使得孩子无法获得恒久的动力。在孩子仅仅依靠内在的驱动力就能把很多事情做好的情况下，明智的父母不会随便对孩子进行物质奖励，从而让孩子把努力与外部动机联系起来。当然，这也并非对外部动机全盘否定，如果孩子内部动机不够，则父母可以适度使用外部动机，给予孩子积极的推动力，调动起孩子的积极性。但是一定要把握好度，所以凡事皆有度，过度犹不及，一旦过度使用物质奖励，还会导致孩子的欲望越来越强，也会让孩子对于学习的自主动力减弱，甚至是消失。

有一位教育专家在自己的著作中写道：鼓励之于孩子，就像水之于植物。如果没有水，植物会干涸，无法生存下去；如果没有鼓励，孩子的心灵也会干涸，无法继续努力。鼓励，对于孩子而言不是一种奖励，而是一种被认可和接受的过程，能够让孩子知道他们在别人心目中是表现优秀的，也能让孩子把关注点集中于自己所做的事情，所谓的就事论事，在这里也得到体现。善于鼓励孩子的父母，会主动挖掘孩子的优点，也把孩子的优点与缺点独立开来，给予孩子中肯的评价。在父母毫不吝啬的鼓励中，孩子意识到自己虽然有缺点，但是也有优点，从而避免妄自菲薄，更加充满信心地努力向上，追求属于自己的成功。经常得到鼓励的孩子，不会因为小小的错误就一蹶不振，也不会因为小小的难题就产生畏缩和退却的心理。他们能够客观中肯地评价自己，既不妄自菲薄，也不妄自尊大，他们拥有归属感,也为了实现自己的价值而努力拼搏,绝不轻易放弃。

升入三年级,小杰的学习成绩不够好,自己很苦闷。为了激励小杰在学习上更上层楼,妈妈采取物质奖励的手段,激励小杰努力学习。结果,一段时间之后,小杰反而对学习更懈怠,每次一到考试,就先问问妈妈礼物是什么,这让原本热衷于奖励小杰,而且坚信"重赏之下必有勇夫"的妈妈,感觉到奖励变了味,小杰对于学习的心态也有了改变。

意识到偏差的妈妈及时改变自己,不再以物质奖励小杰,而是把物质奖励变成活动奖励,因为在带着小杰出去玩耍的过程中,还可以渐渐地树立小杰的信心,培养小杰的优秀品质。有的时候,妈妈还会刻意取消奖励,而给小杰积极的鼓励,帮助小杰调整心态,坚持进步。在长期的坚持之下,小杰有了信心,也产生了学习的内部动机和内在驱动力,在学习方面的表现越来越好。

相比起鼓励带给孩子的积极正向的能量,赞扬和奖励则未必能够始终对孩子起到正面作用。现代社会提倡赏识教育,很多父母会滥用赏识教育,觉得只要不由分说地赏识孩子,就能激励孩子持续发展和进步。还有的父母总是不由分说地以物质奖励激励孩子,导致孩子原本可以主动自发地工作,却因为物质的强化而失去主动性,使得自主的努力也失去了味道。

当孩子具有内部动机时,父母一定要多多鼓励孩子,让孩子拥有更强的内部动机,也拥有更强的力量。否则,一旦孩子失去内部动机,就失去了持续努力的源动力。当孩子内部动机下降,或者面对的任务过重,无法坚持完成的时候,父母可以适度以物质奖励、活动奖励的方式激励孩子,也可以适度赞美孩子,但是一定要注意分寸,不要让孩子因此而忘却初心,在人生的道路上迷失。除了积极地以语言鼓励孩子之外,父母还可

以通过小纸条、微信等方式给孩子发文字鼓励，这些方式能让孩子感到新鲜，也会对激励孩子起到良好的效果和积极的作用。

不要随意给孩子贴标签

细心的父母会发现，人们总是习惯于给孩子的各种"不良行为"贴上各种各样的标签，似乎唯有这样做出总结，才能给孩子和自己一个交代。尤其是当一些不良行为和精神相关的时候，标签的指向性更加明确，甚至常常让人感到懊恼和沮丧。诸如多动症、分离焦虑症、抑郁症等行为，都被作为一些孩子的总结性标签，导致很多孩子只是不那么听话和乖巧而已，就被冠以这样的名称。更加糟糕的是，随着医学的发达，医学专家还根据这些标签研制出特定的药物，从而对实际上健康活泼、精力充沛的孩子辅助以药物治疗。

实际上，很多孩子并没有疾病，也不存在异常，他们只是被父母不正确的教养方式误导，形成了错误的行为习惯。有些孩子很有主见，有些孩子唯唯诺诺；有些孩子性格开朗，有些孩子性格内向……每个孩子都是与众不同的生命个体，每个孩子在成长的过程中都需要父母的爱作为土壤，也要以父母的引导确立方向。因而作为父母，对于孩子一定要有足够的爱与包容，不要轻而易举就否定孩子，更不要打着爱的旗号，总是试图控制和操纵孩子，更不要对孩子颐指气使。要知道，唯有得到父母的尊重和信赖，孩子才能健康快乐地成长，才能产生归属感，才能努力实现自我价值，才能渐渐地提升自己的能力，能够独当一面，应对人生中各种各样的问题。

瑞瑞正在读小学三年级，他在课堂上听讲的时候无法做到专心致志，总是和前后座位的同学说话，有的时候还会给其他同学递小纸条。总而言之，老师对瑞瑞很不满意，特别是当瑞瑞管不住自己的嘴巴，非要和其他同学交头接耳时，老师只得联系妈妈到学校，和妈妈当面沟通瑞瑞的问题。

听完老师的描述，妈妈当即说："瑞瑞有多动症，人家说剖腹产的孩子都有多动的倾向，瑞瑞就是剖腹产生的，所以肯定有多动症。"听到妈妈这么说，老师很惊讶："您带着瑞瑞去找专业的医生测评过吗？就说孩子有多动症。"妈妈不以为然："这哪里还用测评啊，您就看他上课时的表现，就知道他一定是多动症。平时在家里他也是这样，总是不能安生和消停。"听到瑞瑞被妈妈草率地贴上多动症的标签，老师觉得不妥。他耐心地解释给瑞瑞妈妈听："瑞瑞妈妈，如果没有经过专业医生的测评和判断，最好不要断言孩子有多动症。否则，如果您当着孩子的面说他有多动症，他会真的以为自己有多动症。我倒是建议您可以多多鼓励孩子、夸赞孩子，这样说不定孩子还会有改变呢！"妈妈也很为难："的确，我都不知道批评他多少次了，总是越来越严重。要不，我夸他试一试吗？"老师点点头："对，既然批评不管用，不如试一试夸赞的方法，也许会有让你喜出望外的效果呢！"

妈妈认为老师说得很有道理，和老师约定家校一致，开始夸赞瑞瑞。结果，坚持了一个多月后，效果非常明显，为了得到更多的夸赞，为了让自己的言行举止配得上老师和妈妈的夸赞，瑞瑞开始约束自己，努力管理好自己，学习有了巨大的进步。

在这个事例中，妈妈之所以感觉越是批评瑞瑞，瑞瑞的恶劣行为越严重，就是因为贴标签导致瑞瑞产生了破罐子破摔的情绪，所以才会使得恶

劣行为变本加厉。幸好老师还是懂得儿童心理学的，因而反其道而行，建议瑞瑞妈妈多多鼓励和夸赞瑞瑞，果然收到良好的效果。

现实生活中，很多父母教养孩子的时候都以批评为主，总觉得要声色俱厉地批评孩子，才能让孩子反思自身，有所进步和成长。殊不知，好孩子都是夸出来的，父母一味地否定和批评只会让孩子自我放弃，使得孩子在做任何事情的时候都信心全无，根本提不起兴致来。所以明智的父母不会总是批评孩子，而是更多地挖掘孩子的优点，赏识孩子，这样才能给予孩子更多的激励和赞许，也鞭策孩子不断成长，坚持进步。

引导孩子自己解决问题

孩子还小，各方面能力不足，也缺乏人生经验，所以孩子在做很多事情的时候都会遇到困难，也会因为无法成功地解决问题而产生深深的挫败感。有些父母，当发现孩子不管做什么事情都无法顺利圆满时，也常常会否定孩子，甚至有些急躁的父母会迫不及待代替孩子想出办法或者直接帮助孩子解决问题。殊不知，孩子解决问题的能力是很强的，只是父母低估了孩子的能力。父母必须知道，孩子有孩子的规矩和秩序，父母可以引导孩子、监管孩子，却不要代替孩子在自己的生活和活动中建立秩序、解决问题。尤其是在孩子玩耍的时候，如果父母盲目地参与问题或者干涉孩子解决问题，则往往会导致冲突不断升级，而无法让问题圆满解决。

不可否认，孩子的思维和成人是截然不同的，所以作为成人，要尊重孩子的思维习惯，而不要粗暴地干涉孩子。现实生活中，很多父母自以为聪明，自以为可以在孩子面前扮演审判官的角色，最终却发现自己的加入导致问题更复杂，也打破了孩子之间微妙的平衡。通常情况下，成人的功利心很强，他们总是会用各种标准评判一件事情，也根据评判做出取舍，却不知道孩子考虑问题的角度截然不同。对于孩子而言，世界上并没有那么多的是非对错，最重要的在于和谐。哪怕很多规则在成人眼中有失公平，只要孩子愿意遵守，而且感到内心平衡，就可以维护好孩子之间的秩序，完全无可指责。所以父母千万不要妄自尊大，觉得只有他们才能圆满地处理好问题，解决问题，在没有得到孩子求助的情况下，父母们为何不安心地做好该自己做的事情，而任由孩子自己想办法解决问题呢？当孩子自觉无法解决问题的时候，他们自然会主动向父母求助。

作为一对姐妹花，妈妈不管带着悦悦和恬恬去哪里，都会得到人们的羡慕。的确，拥有一对如花似玉的女儿，是很多人心之向往。但是，当人们说姐妹俩一定非常要好，不容易吵架的时候，妈妈却有截然不同的感受。

悦悦和恬恬好的时候就像一个人一样，等到吵架的时候，也会歇斯底里，谁也不愿意让着谁，谁都要在竞争中赢得胜利，拔得头筹。一开始，妈妈缺乏经验，总是试图说服悦悦让着恬恬，又告诉恬恬要听姐姐的，最终发现这样的劝解不但不利于解决问题，还会导致纷争升级。为此，妈妈想出一个好办法，那就是在保证安全的情况下，任由姐妹俩去吵架，甚至是打架。如果她们因为争执某个东西而互不相让，妈妈会在姐妹俩想到解决办法之前代管这个东西。如果这个东西是冰淇淋，很容易化掉，那么她会在化掉之前把它吃掉。就这样，妈妈经常吃掉姐妹俩争执的东西，这使得姐妹俩渐渐意识到鹬蚌相争、渔翁得利的道理，最终她们团结一致，一起分享，一致虎口夺食——尽快把好吃的从妈妈手里拿回来，以避免被妈

妈吃掉。就这样，姐妹俩的关系越来越好，也感受到分享的快乐。

当家里不只有一个孩子的时候，很多父母都会陷入烦恼的旋涡。因为随着孩子渐渐长大，彼此之间的争执越来越多，他们发现原来孩子多了不只是相互有个伴，也多了一个吵架甚至是打架的对象。实际上，孩子之间发生争执是很正常的，即使打得头破血流，他们也会很快和解，继续心无芥蒂地玩作一团，但是前提是父母不参与他们的纷争，而把解决问题的权利完全留给他们。细心的父母会发现，在很多兄弟姐妹不和的家庭里，父母的偏向是很大的导火索。因而明智的父母要想让孩子彼此和睦友好，就一定要同等对待每一个孩子，而且在孩子之间发生矛盾和争执的时候始终保持超然的态度，或者保持中立。这样，孩子之间的问题就是手足间的问题，就不会升级，也不会恶化。

父母千万不要自认为是裁判官，可以金口一开就处理好孩子之间的矛盾和纷争。唯有保持中立，唯有尊重和平等对待每一个孩子，唯有把解决问题的权利完全交还给孩子，孩子之间才能友好相处，家庭氛围也会更加和睦和其乐融融。

第 2 章
会管教的父母，永远不让孩子缺乏安全感

孩子的成长需要充足的养料：身体上需要营养物质，心灵上需要心理营养。作为父母，要想更好地陪伴孩子成长，引导孩子在人生的道路上阔步向前，首先要给予他们安全感，让孩子切实感受到父母是可以信任和依赖的，也愿意把成长过程中的一切烦恼向父母倾诉，这样才能让孩子身心健康、幸福快乐地成长。

帮助孩子建立安全感

孩子是需要安全感的，而且越是年纪小的孩子，越是处于建立安全感的黄金时期和关键时期，作为父母，对于年幼的孩子再怎么疼爱也是不为过的，因而不要盲目迷信那些所谓育儿专家的话，为了培养孩子的独立意识，就任由尚在襁褓之中的孩子哭泣，而丝毫不管不顾孩子。还有些父母误以为，孩子在3岁之前没有记忆，因而把孩子交给农村的爷爷奶奶管教，而等到孩子3岁之后，或者5岁之后，才把孩子接到身边。殊不知，心理学家经过研究证实，孩子3岁之前正是建立安全感的关键时期，如果父母错过了孩子安全感的建立期，就会导致孩子在未来的成长过程中内心惴惴不安，也在感情方面出现一定的欠缺。从这个角度而言，父母不仅仅是把孩子生出来，更要拼尽全力把孩子养育好，才能最大限度给予孩子全方位的照顾和关照。

父母要帮助孩子建立安全感，不要一味急躁地试图帮助孩子形成独立自主的性格，而应该给孩子足够的爱与关照，才能引导孩子健康快乐地成长。有些孩子因为性格孤僻，或者与父母的关系不够亲密，他们会有恋物的倾向，渴望从熟悉的物品上得到安全感。这实际上是孩子自我安慰的一种方式。还有些孩子很依恋熟悉的环境，不愿意离开熟悉的环境，也是为了让自己感到安全。很多父母看问题总是从成人的角度出发，而没有意识到孩子小小的生命如何度过漫长孤寂的时光，如何努力坚持去成长。归根

结底，父母不是孩子，无法完全理解孩子的感受，就要给孩子更多的宽容和体谅，对待孩子不要吝啬爱，从而才能呵护孩子稚嫩敏感的心灵，让孩子在父母深厚的爱中健康快乐地成长。

可乐一出生就由妈妈负责养育。然而，妈妈也有工作，在4个月的产假即将结束时，妈妈不得不找了一个50岁的奶奶帮忙照顾可乐。然而，妈妈很快发现问题：为了省事，奶奶总是带着可乐在家里玩，而不带着可乐下楼晒太阳。妈妈也不好意思总是提醒奶奶带着可乐晒太阳，毕竟家里没有老人看孩子，保姆也不是那么好找的。为此，可乐才20个月，为了避免没有文化的保姆奶奶给可乐带来负面影响，妈妈就把可乐送到幼儿园，这样可乐白天在幼儿园里由老师照顾，还能和小朋友一起玩耍，保姆奶奶只负责接送，给可乐做饭，带着可乐睡觉。

年幼的可乐平日里除了接触保姆，也只是接触爸爸妈妈，如今一下子离开熟悉的环境，到了陌生的幼儿园，她心情很紧张，突然失去安全感。把这么小的可乐送到幼儿园，完全是妈妈的无奈之举。因而妈妈也很担心可乐，每天上班的时候，都会通过手机看可乐在幼儿园里的实时情况。大概在一个学期的时间里，可乐一到幼儿园就坐在自己的位置上，抱着自己的水杯，即使小朋友都在老师的组织下跳舞，或者一起玩耍、做游戏，可乐也坐在座位上不动，只是紧紧地抱着水杯。直到一个学期过去，可乐渐渐熟悉幼儿园的环境，也长大一些了，才变得开朗一些，也能与小朋友们一起玩了。

可乐年纪非常小，还不到两岁，就来到幼儿园这个陌生的环境，所以才会失去安全感。可乐之所以紧紧地抱着水杯，是因为她觉得水杯能给自己安全感，因而就像是一个即将溺水的人死死地抓住救命稻草一样，抱着这个自己唯一熟悉的物件。直到半年后，可乐快两岁半了，才渐渐对幼儿园熟悉，也才能更好地适应幼儿园生活。

　　3岁之前的孩子绝不是没有记忆的，更不是神经大条缺乏感受的。相反，他们正处于秩序敏感期，对于身边熟悉的人和事物非常敏感。当孩子不得不离开熟悉的环境，他们的内心一定是焦虑不安的，也会马上因为安全感的缺失而陷入惶恐不安之中。所以如果父母有条件，最好等到孩子3岁之后再送孩子进入幼儿园。在孩子3岁之前，父母理应用心地照顾孩子，给予孩子最真挚的爱，从而让孩子在父母爱的包围中快乐成长。

表达爱，让孩子感受到父母的爱

　　很多父母都抱怨孩子不理解父母的爱，对于父母的爱不知道感恩，更不懂得回报。那么，这个问题的根源在哪里呢？其实，孩子不是不愿意回应父母的爱，而是因为很多情况下父母的爱太过深沉，也不露痕迹，所以孩子无法感受到父母的爱，甚至还因此而产生不安全感。

　　在孩子小时候，许多父母会常常亲亲孩子，说着"我爱你"之类的话。而随着孩子渐渐长大，父母对孩子的爱越来越内敛，尤其是当孩子进入学校，开始学习生涯，父母更因为孩子的表现不能如意，而对孩子吹毛求疵，诸多指责。父母不知道，孩子是非常信任和依赖父母的，大多数孩子在小时候没有自我认知和评价的能力，还会直接把父母的评价作为自我评价。由此可见，父母对孩子一定要谨言慎行，不要轻易批评和否定孩子，而是要努力表达对孩子的爱，把对孩子的爱大声说出来，大胆表现出来，让孩子真切感受到父母的爱，这样孩子才会给予父母爱的回应，进而增进亲子关系，加深亲子感情。

最近，可乐对于妈妈的爱突然加深了，而且变得非常霸道。因为爸爸一直在外地工作，只有十天半个月休息的时候才会回家一次，所以此前可乐对爸爸非常关注，总是盼望爸爸尽早回家，也总是特别偏爱爸爸。然而，自从4岁生日过完之后，可乐不再那么亲近爸爸，而是大有和回家探亲的爸爸抢夺妈妈的架势。

爸爸不回家的时候，可乐自己乖乖地睡在小床上，妈妈睡在和小床依偎着的大床边上。等到爸爸回家，可乐却一反常态，坚持要和妈妈睡在大床上，而且不由分说就抱着自己的小枕头跑到大床上，横亘在爸爸妈妈之间。白天，爸爸妈妈带着可乐去超市购物，可乐买了很多喜欢吃的零食，也不愿意让爸爸拎着，而是让妈妈拎着。看着可乐对自己的爱突然泛滥，妈妈感到很无奈，与孩子亲近固然是好事，但是可乐也只让她一个人抱着，这就让她有些吃不消了。

显而易见，可乐已进入情感敏感期，在这个特殊的时期里，孩子对于自己最亲近的人会爱意泛滥，也会变得非常霸道。他们喜欢和最亲近的人黏在一起，而不愿意与他人分享这样的关系。如果发现自己最亲近的人与他人之间也有关系，或者表现出亲密的样子，他们就会感到难以接受，甚至为此情绪焦虑暴躁，号啕大哭起来。

从心理学的角度而言，孩子之所以有情感敏感期，最主要的原因是他们需要建立安全感。通常情况下，对于年幼的孩子而言，妈妈是他们最亲密无间的人，依赖妈妈，得到妈妈的爱并且向妈妈表达爱，他们就感到安全。因此，孩子在情感敏感期内总是特别愿意缠着妈妈，而且恨不得每天24小时和妈妈在一起，连一眼看不到妈妈都不行。而且，情感敏感期的孩子还很容易产生嫉妒心理，他们不愿意与他人分享自己所爱的人，因而会对他人产生排斥和抵触心理。事例中的可乐，就是因为觉得爸爸的出现会

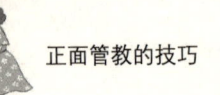

导致她与妈妈之间疏远,所以才敌视爸爸。在情感敏感期,父母千万不要为了培养孩子的独立性而刻意疏远孩子,或者强制孩子必须独立,而应该给予孩子更多的爱,明确地向孩子表达爱,告诉孩子父母的爱是永远不会改变的,父母将会永远陪伴在他们身边,孩子才会拥有安全感,也才会更加安心地成长。

怀着赤子之心,才能与孩子同一战壕

在不知不觉中,很多父母犯了一个错误,那就是以成人的沧桑之心揣测孩子的赤子之心,最终导致与孩子之间的代沟越来越深,自然也不可能与孩子同处一个战壕。亲子关系不和谐时,父母与孩子之间的距离越发遥远,彼此沟通起来也很艰难,尤其是对于日常生活中的很多事情,父母与孩子总是发生各种矛盾和争执。父母抱怨孩子太幼稚,孩子抱怨父母不理解自己,这都是因为心与心的距离导致的。

孩子年龄还小,因为年龄的限制,他们在看待世界的时候,难免会有很多局限,也会产生错误的思想。父母呢,则因为经验的指导,总是迫不及待想要纠正孩子,让孩子知道什么才是正确的。父母不知道,所谓的经验在孩子面前,纯粹是秀才遇上兵,有理说不清。当然,让孩子加速成长是不可能的,作为父母,要想与孩子更好地沟通和交流,就要怀有赤子之心,尽量站在孩子的角度上思考问题,感受孩子的所思所想。父母还需要注意的是,不要强迫孩子,因为孩子虽然小,却有自己的思想和主见,也不愿意被父母强制要求。父母一定要尊重和平等对待孩子,也要发自内心认识到这么做的必要性。

因为保姆休假，可乐一人在家没人带，妈妈就带着可乐一起参加公司年会。年会上准备了很多精美的食物、酒水和饮料，还有一棵圣诞树，上面挂满了礼物。为此，妈妈让可乐在一旁玩耍，自己则和同事端着酒杯，站在距离可乐不远的地方聊天。

可乐玩着玩着，突然来拽着妈妈的衣角，对妈妈说："妈妈，我想回家。"妈妈对于可乐的想法不以为然："可乐，你看这里有这么多好吃的、这么多好玩的，你自己玩，妈妈和阿姨说话，好不好？"可乐被拒绝，又回到圣诞树那里，然而才过了没多久，可乐就哭起来。不管妈妈怎么安慰，可乐都一直哭个不停。无奈之下，妈妈只好蹲下来，准备抱起可乐回家。就在蹲下来的一瞬间，妈妈感到非常震惊，因为她目之所及之处，全是一条条晃动的腿，根本看不到其他的情境。妈妈理解可乐为何哭喊着要回家了，也为自己的粗心感到很惭愧。

很多父母都习惯于站立着，从自己的角度认知问题，却不知道孩子的目之所及与父母的目之所及截然不同。就像事例中可乐妈妈一样，如果不是蹲下去准备抱起可乐回家，她也许还会抱怨可乐这么不省心，这么爱哭呢！但是在看到可乐目之所及的情形之后，妈妈理解了可乐的感受，也当即决定带着可乐逃离这个"可怕"的地方。

尤其是对于年幼的孩子而言，人生经验的限制使得他们无法真正了解父母的感受，也无法准确表达自身的感受。因而作为父母，要想走入孩子的内心世界，更好地了解孩子，就要蹲下去，更加用心对待孩子，站在孩子的角度上看待问题，从而才能积极有效地引导孩子，帮助孩子健康快乐地成长。教育家陶行知先生曾经说过，一个人唯有变成孩子，才能教导孩子，否则是没有资格教导孩子的。

正面管教的技巧

不催促，尊重孩子内在的节奏

很多父母都抱怨孩子的节奏太慢，甚至在日常生活中找各种机会催促孩子。实际上，孩子并不是故意慢的，而是因为孩子有内在的节奏，这节奏与成人截然不同。作为父母，不要总是以成人的节奏去要求孩子，前文说过父母要怀着赤子之心才能理解孩子，这里也要说，父母必须以孩子的节奏去对待和要求孩子，才能避免对孩子过分催促，也才能尊重孩子内在的节奏。

现代社会，生活节奏越来越快，工作压力日益增大，很多父母在照顾家庭的同时，还必须处理好工作上的各种事宜，为此他们总是急急忙忙、行色匆匆，每天都是天不亮出门，披星戴月才回到家里，且不说陪伴孩子，就算是有很少的时间，他们也迫不及待想要休息。实际上，父母因为工作劳累想休息也是人之常情，但是既然为人父母，就要承担起这份责任和义务。每当有闲暇的时候，父母要想方设法多多陪伴孩子，也要戒骄戒躁，避免一味地催促孩子。

周末的傍晚，妈妈带着可乐在小区附近的公园里散步。突然，可乐听到青蛙的叫声，还循着叫声找到了一只翠绿的青蛙。可乐之前看过癞蛤蟆，这还是她第一次看到青蛙呢，为此她很好奇，便蹲在地上开始观察青蛙。

青蛙静静地蹲着，瞪着鼓起来的眼睛，腹部随着呼吸一起一伏。可乐就这么看着，虽然妈妈觉得青蛙没什么好看的，但是她很清楚青蛙对于可乐而言是个新鲜玩意儿。因此，妈妈一直没有打扰可乐，而是静静地守候在可乐身边，就像也变成一只静止状态的青蛙一样，看着可乐。大概5分钟过去了，可乐忍不住好奇，从旁边捡起一根细长的草，想去触碰青蛙。

青蛙很机敏，马上蹦蹦跳跳跑开了。可乐从石子铺成的小径上下来，进入草地，跟在青蛙身后，足足走了十几分钟，才跟随青蛙来到池塘。在此期间，可乐完全把妈妈忘记了，也忽略了妈妈一直在身后跟着她。妈妈提醒可乐："可乐，不要靠近池塘，青蛙会游泳，你可不会游泳啊！"可乐才突然惊醒，扭过头笑着看妈妈，非常满足。妈妈拉着可乐的手慢慢地走回小路上，问可乐："可乐，青蛙是什么样子的？"可乐观察仔细，这个问题自然难不倒她。她滔滔不绝说了青蛙的样子，妈妈又问她："可乐，青蛙和癞蛤蟆有什么区别呢？"这个问题有点儿难度，可乐先在头脑中回忆癞蛤蟆的样子，才回答妈妈的问题。

妈妈非常有耐心，不但等着可乐观察青蛙，还跟着可乐追踪青蛙，其间从未打扰过可乐。正是因为妈妈的耐心等待，可乐才有机会近距离接触青蛙，也能长时间观察青蛙。否则，可乐根本分不清楚青蛙和癞蛤蟆，而且专注力还会遭到破坏，影响未来的学习和生活。

细心的妈妈不妨回想一下，孩子在成长的过程中曾经多少次希望妈妈能等待他。但是，面对孩子的请求，大多数妈妈都会选择厌烦地拒绝或焦虑地催促。对于孩子的成长，妈妈应该告诉孩子："孩子，你慢慢来。"虽然时间对于每个人都是公平的，但是时光的流淌对于孩子而言是相对比较慢的，因为孩子对于时间的感知不那么敏锐。

在孩子小时候，不如给孩子时间去慢慢成长。即便孩子长大了，为了帮助孩子养成珍惜时间的好习惯，父母也不要过分催促孩子，而可以帮助孩子建立时间意识，引导孩子学会合理安排时间、珍惜时间，这对于孩子的成长是有益的。

爱孩子，不要带有附加条件

每一个父母都自诩是这个世界上最爱孩子的人，却不知道也许他们对于幼儿的爱的确是无条件的，但是随着孩子不断长大，他们对于孩子的期望越来越高，渐渐地，他们对于孩子的爱也就带有一定的附加条件，甚至还会对孩子提出苛刻的要求，希望孩子能够继承他们的梦想，完成他们的夙愿。

很多新手妈妈都不懂得如何对待孩子，当孩子变得越来越调皮，妈妈便威胁、恐吓孩子："你如果不听话，妈妈就走了，不要你了。"不知道妈妈是否发现，即使孩子非常顽皮，在听到妈妈的这句话时，也会马上变得乖乖的，听从妈妈的安排和指令。妈妈自然感到很高兴，因为孩子听话，妈妈才能省心省力。然而，换个角度来想，如果妈妈是孩子，是需要依靠妈妈生存、缺乏自主生存能力的孩子，在听到这句话的时候又是多么紧张和无助呢？

现实生活中，很多父母都希望孩子听话，也希望孩子对他们言听计从，甚至希望孩子像机器人一样凡事都听从他们的命令，却从未想过孩子是独立的生命个体，有自己的想法和灵魂，有自己的创新和主见。当父母只会以权威恐吓孩子，或者只会以各种有条件的爱胁迫孩子时，渐渐地，孩子就会感到不安，甚至觉得父母也不是完全值得依赖的。这对于帮助孩子形成安全感只会起到反作用，甚至孩子还会因为父母的威胁、恐吓彻底失去安全感。父母可能不知道，他们轻描淡写的一句假装不要孩子的话，会在孩子稚嫩的心灵中掀起惊涛骇浪，也会导致孩子内心迷失，感情无处寄托。所以明智的父母一定要正面管教孩子，可以给孩子指出错误，而不要总是胁迫孩子，更不要总是恐吓孩子。父母唯有尊重孩子，给予孩子完全的爱,才能引导孩子健康茁壮地成长。

可乐从小就很瘦弱,因为她不是很爱吃饭,而且还特别挑食。毕竟可乐是保姆奶奶带大的,一则保姆奶奶没有文化,不能正确地引导可乐;二则保姆奶奶带可乐只是一份工作,所以为了避免可乐哭闹,她总是顺着可乐的心意,而尽量不违背可乐的心愿。妈妈对于这些问题心知肚明,所以每到周末的时候,妈妈就会想方设法让可乐多吃一些,也尽量纠正可乐挑食的坏毛病。

周六的中午,妈妈做了鱼,可乐却一口也不愿意吃。妈妈耐心地哄着可乐吃鱼,看着可乐紧紧地闭上嘴巴,咬紧牙关的样子,妈妈一生气,口不择言地对可乐说:"可乐,你要是不吃鱼,妈妈就不要你了。"听到这句话,可乐马上哇哇大哭起来,后来虽然勉强吃了几口鱼,但是心情却很不好。没过几天,爸爸回家探亲。吃午饭的时候,可乐给爸爸夹起一块红烧肉,爸爸拒绝:"可乐,爸爸在减肥呢,不吃红烧肉。可乐吃吧,吃了之后,能长得又高又漂亮。"不想,爸爸和颜悦色说完这句话之后,可乐突然说道:"爸爸,你要是不吃肉,我就不要你了!"听着可乐恶狠狠的语气,爸爸大吃一惊,后来才知道妈妈这么对可乐说过话。爸爸赶紧提醒妈妈:"以后不要这么说了,不吃鱼事小,还可以通过其他食物补充营养,要是养成这样的说话习惯,形成不良的心理状态,想改正就难了。"妈妈觉得爸爸说得很有道理,也说:"是啊,那天看到她哭得那么伤心,眼神里也流露出害怕,我就决定再也不这么说话了。"

对于年幼的孩子而言,父母的爱是他们赖以生存的土壤,家庭更是他们赖以生存的天地。如果父母对孩子说出带有胁迫性的话,导致孩子意识到自己很有可能因为某个地方做得不好,无法令父母满意,就会遭到父母的抛弃,孩子一定会感到焦虑不安,甚至会因此而导致心态发生改变,言行举止也受到父母的不良影响。

年幼的孩子正处于爱的敏感期,他们无条件信任父母、爱父母,也渴望得到父母的爱,这样他们才能建立安全感。作为父母,当然知道自己说出那些不负责任的话只是为了恐吓孩子,但是孩子却不知道,他们以为父母所说的每一句话都是真的,也常常因为父母的话陷入焦虑之中,不知道如何缓解自己的恐惧情绪。因此,父母一定要用心地对待孩子,关爱孩子,任何时候都不要给爱带上附加条件,这样才能让孩子在爱的温馨港湾中快乐地成长,也让孩子在对父母的爱与信任中与父母建立良好的亲子关系,培养深厚的感情。

父母是孩子的老师,孩子是父母的镜子

人们常说,父母是孩子的第一任老师,孩子是父母的镜子。作为父母,当发现孩子的身上出现某些问题的时候,一定不要只顾着斥责孩子,而应该首先反省自己。就像镜子里的自己脸脏了,你是抱怨镜子呢,还是先去把自己的脸洗干净呢?真正的解决问题之道,当然是当即洗干净自己的脸。

古人云,不识庐山真面目,只缘身在此山中。作为父母,如果想更加清楚地认识自己,不要一味地看自己,而应该更加用心地看孩子,这样才能透过孩子发现自己身上折射出的问题。尤其是当父母以旁观者的身份看孩子的时候,可以对孩子的各个方面看得更清楚,也能保持理智的态度对待孩子。

最近,小艾玩手机的情况越来越严重。已经读小学四年级的她,每

天下午放学回到家里，甚至先不急于写作业，而是要玩一会儿手机。一开始，妈妈对于小艾的行为没放在心上，觉得孩子爱玩手机很正常，也就允许小艾玩一会儿手机放松一下，再写作业。但是随着时间的流逝，小艾的手机瘾越来越大，每时每刻都想玩手机，导致作业写得乱七八糟，而且眼睛也因为在熄灯之后偷偷玩手机而戴上了眼镜。

妈妈决定对小艾施展杀手锏：没收小艾的手机，禁止小艾玩手机。妈妈原本以为这样从源头上切断小艾与手机的联系，就能彻底解决问题，却没想到这激起小艾严重的逆反心理，小艾与妈妈大吵大闹："凭什么没收我的手机，我怎么了？"妈妈说："你还问怎么了？你因为玩手机耽误写作业，还不愿意看课外书，这还不够吗？老师都叫家长了，我可跟你丢不起这个人！况且你看看你们班级里的同学，谁和你一样整日玩手机呢？"小艾反问："那你和爸爸为什么能玩手机？"妈妈也有些生气："我和爸爸是大人，我们不需要学习。"没想到，这句话被小艾抓住辫子，小艾当即反驳："你和爸爸是大人，前几天是谁告诉我每个人都需要学习的？"妈妈感到理亏，结结巴巴地说："我……我和爸爸学习任务不那么紧张……况且，你个黄毛丫头有什么资格和我们一样？"小艾毫不示弱："人人平等。我玩手机就是和你们学的，你看你们俩，下班回家一个人抱着一个手机。我们班级里有些同学的家长，人家为了孩子连电视都不看，你能做到吗？你只让我和别人比，你们和别人比了吗？"妈妈再也无话可说，这才意识到自己和爸爸玩手机，原来对小艾造成这么严重的负面影响。

妈妈痛定思痛，当即规定："以后，所有家庭成员不得在家里玩手机，手机只能作为通信工具。"妈妈和爸爸以身示范，每天回家之后就把手机放在客厅的柜子上，互相监督。小艾看到爸爸妈妈的决心和毅力这么

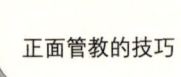

大，也无话可说，只能接受妈妈对她的管制。

如今的孩子绝不再像几十年前一样对父母言听计从，这让父母对孩子的教育面临困境，难度增大，但是也给了孩子更大的独立思考和维护权利的空间。从辩证唯物主义的角度来看，凡事都是有利有弊的，作为父母要给孩子树立积极的榜样，作为孩子在监督父母之余也要把事情做得更好。其实小艾说得没有错，你只让我和别人比，你们和别人比了吗？父母在给孩子提要求的时候，唯有自己先做好，才能得到孩子的信服，让孩子也主动向父母学习，争取把一切事情做好。

如今，电子产品对人们的影响越来越大，很多成人都因为缺乏自制力而沉迷于手机，更何况是孩子呢？然而，没有孩子的年轻人尚且可以肆意妄为，对于已经有了孩子的父母而言，在孩子面前必须谨言慎行，才能给予孩子最好的引导和示范。

第3章
做让孩子尊敬的父母，平等地与孩子相处

当孩子与父母相抵触，那么父母的教养方法再好，也无法起到预期的效果。父母相当于教育的输出者，而孩子相当于教育的接受者，如果孩子不愿意接受父母的教育，父母的教育就像把拳头打在空气里，毫无力道可言。因而明智的父母知道要想当好父母，先要赢得孩子的认可和尊重，也要尽量做到平等对待孩子，真诚与孩子相处，才能让教育事半功倍。

放低身段，与孩子顺畅沟通

在传统教育观念的影响下，很多父母对于孩子总是颐指气使，总是对孩子吆五喝六、呼来唤去，这是因为他们打心眼里认为孩子是因着父母才来到这个世界上的，所以孩子就是父母的私有物品，就是父母的附属品，也因而在孩子面前摆出一副高高在上的样子。实际上，孩子从来不是父母的附属品和私有物品，他们尽管因着父母来到这个世界上，却是完全独立的生命个体。小时候，孩子需要依赖父母无微不至的照顾才能生存。随着不断长大，孩子的自我意识越来越强，就会渐渐地形成自己的主见，也因此会与父母发生争执、矛盾和冲突。

要想改变亲子关系的紧张状态，作为亲子关系的主导者，也作为比孩子拥有更多智慧和更丰富人生经验的人，父母就要端正心态，不要以为作为父母就一定可以对孩子发号施令，命令孩子做各种各样的事情。甚至还有些父母在单位里是个领导，就把领导的做派带到家里，对孩子也如同对待下级一样，只为了达到自己的目的，而不愿意尊重孩子的想法。不得不说，父母并不总是对的，孩子也并不总是错的。当孩子在父母的压制下失去自己的主见，总是对父母唯唯诺诺、唯命是从，则长大之后，孩子在人生之中也会处于被动的位置，从而使得整个人生都受到负面影响。

唯有在民主和谐的家庭氛围中成长的孩子，才能心态健康、性格健

全，也才能以积极主动的态度与人交往，面对整个世界。要想让孩子变得积极阳光，父母首先要尊重和平等对待孩子，给予孩子机会表达自己的意见和想法，也给予孩子更大的空间去独立思考和做出决定，而不要把强制要求孩子形成一种习惯，导致孩子在成长的过程中越来越被动。

现代社会，很多孩子都是独生子女，他们从小就在长辈无微不至的照顾和父母全心全意的爱中长大，虽然集万千宠爱于一身，但是并没有伙伴的陪伴，因而内心，往往是孤独的。有人说，再爱孩子的父母，也无法取代同龄人在孩子成长中的重要作用和意义，那么，父母就要更加用心地陪伴孩子，在担任父母职责的同时，也成为孩子的朋友，与孩子一起哭，分担孩子的痛苦和忧愁，也与孩子一起笑，分享孩子的快乐和幸福。

很多父母抱怨孩子不愿意沟通，却不知道孤独苦闷的孩子当然是愿意与父母沟通的，只不过因为无法从父母那里得到想要的回馈，所以他们很忧伤，也渐渐地向父母关闭心门。父母与孩子之间相差二三十岁，甚至相差四五十岁，这注定了父母能够很好地照顾孩子，却无法全方位理解和体谅孩子。所以，父母一定要尽力站在孩子的角度，设身处地为孩子着想，这样才能与孩子更顺畅地沟通，也才能真正打开孩子的心扉，走入孩子的内心。必须强调的是，一切健康良好的亲子关系都建立在顺畅沟通的基础上，而尊重和理解恰恰是父母与孩子沟通的前提条件。

当父母蹲下身体，放下身段，从孩子的视角看这个世界，会发现一个截然不同的世界。要想成为合格且优秀的父母，不但要学会蹲下去看世界，也要学会把自己的心放低，从而才能与孩子共情，与孩子产生共鸣，以宽容理解之心为孩子营造更大的成长空间。

尊重孩子，给孩子留面子

有些父母与孩子关系紧张，亲子之间互相不了解，有的时候还会产生各种各样的误解，这是为什么呢？究其原因，不是孩子不懂事、不听话，而是因为父母不能真正了解孩子，导致与孩子的相处常常陷入误区，无法与孩子顺畅沟通。

在亲子关系中，和父母的强势相比，孩子当然是处于弱势地位的。这一则是因为孩子还小，各方面能力有限；二则是因为很多父母受到传统教育观念的影响，已经习惯了居高临下、颐指气使地对待孩子。这样的背道而驰，使得父母与孩子的关系越来越疏远，也导致父母在亲子关系中陷入困惑，不知道如何才能以正确的方式对待孩子，也不知道究竟怎样做才能真正打开孩子的心扉，赢得孩子的信任。一切的人际关系如果没有信任作为基础，就会导致关系破裂。所以父母作为亲子关系的主导者，只有用心经营好亲子关系，给予孩子足够的尊重，才能得到孩子的尊重。

很多父母对待孩子的态度不正确，他们误以为孩子是他们的私有物品或附属物品，因而总是轻而易举就代替孩子做各种决定，还会强迫孩子接受他们的观点和做法。不得不说，这是极其不尊重孩子的表现。从亲子相处模式上，父母对孩子的态度和做法也无法赢得孩子的认可和接纳。很多父母觉得孩子还小，没有自尊心，因而总是喜欢当着亲戚朋友的面说孩子的不好，导致孩子很无奈，也因为自尊心受到伤害，而对父母心生怨恨。父母必须知道，孩子即使再小，也是爱面子、有自尊的，父母必须尊重孩子，才能保护好孩子的自尊心，才能最大限度与孩子搞好关系。

除了当着他人的面批评和否定孩子之外，还有些父母盲目自信，总是在他人表扬孩子的时候，盲目否定孩子，表现自己的谦虚。殊不知，现

代社会已经不适合盲目谦虚了。不管是成人还是孩子,都要对自己有客观的认知和中肯的评价,从而才能适度推销自我。对于孩子而言,他们非常努力才得到他人的认可和赞许,而父母却盲目地否定他们以表示谦虚,可想而知,他们当然没有信心继续努力,也会失去加油奋进的动力。作为父母,必须认识到这样的做法给孩子带来的心灵伤害,才能有的放矢提升和完善自我,也采取正确的方法对待孩子。

还有一些父母对于自己的孩子很吝啬,从来不愿意肯定和赞美孩子,而对于别人家的孩子又总是过度慷慨,总是认为别人家的孩子不管哪里都表现优秀且卓越,都是出类拔萃的。在这样的心态之下,他们还会把孩子与其他孩子比较,导致孩子心情郁闷,动力全无。

父母要记住,适度认可孩子并不会让孩子过分骄傲。孩子还小,他们缺乏自我认识能力,也无法客观公正地评价自己,很多时候,出于对父母的信任,他们非常看重父母对自己的评价,甚至把父母对自己的评价作为自我评价。由此可见,父母对孩子的评价是至关重要的。当发现孩子有明显的缺点和不足需要指出时,父母一定要照顾到孩子的颜面,不要当着他人的面说孩子的不好。即使在私下里沟通的时候,明智的父母也会讲究方式方法,从而避免给孩子带来恶劣的情绪感受。记住,每个孩子的身上都有缺点,孩子是命运赐予父母的小天使,父母既要接受孩子的优点,也有接受孩子的缺点,说不定孩子正是因为这些缺点才变得与众不同呢!

从心理学的角度而言,父母爱惜孩子的颜面,维护孩子的尊严,孩子会主动改正错误,努力提升自我。而当父母以不恰当的方式当着他人的面批评和指责孩子,一旦伤害孩子的自尊,激发起孩子的逆反心理,非但无法让孩子进步,反而会导致孩子变本加厉,完全置父母的意见和态度于不顾。如此一来，当然是得不偿失、事与愿违。爸爸妈妈们，你们一定知道该怎么做了吧！

认可孩子每一个小小的进步

孩子对于自己的成长是满怀欣喜的，每当有了小小的进步，他们第一时间想要分享的人就是父母。但是偏偏父母总是掉链子，虽然愿意与孩子分享，却总是很扫兴地吝啬给孩子精神奖励、物质奖励或者活动奖励，哪怕孩子主动张口索要奖励，父母也会当即批评孩子："这都是你应该做的，爸爸妈妈工作这么辛苦都没要奖励，你要什么奖励啊！"这样一句话看似合情合理，却会如同一盆冷水一样，瞬间把孩子心中的火焰浇灭。

的确，孩子做的每一件事情和父母对于整个家庭的付出相比，都是微不足道的，但是这不是因为孩子不愿意为家庭付出，也不是因为孩子太过吝啬，而是因为孩子能力不足，需要成长。因而父母把孩子的付出与父母的付出相比，其实对孩子是很不公平的。为了激励孩子不断进步，父母一定不要无视孩子哪怕小小的成功，不要错过孩子每一个小小的进步，从而选择最合理的方式激励孩子，让孩子继续保持强劲的动力，持续进步，勇往直前。

思琪的学习成绩在班级里处于中等水平，自从升入五年级之后，妈妈决定让思琪进行冲刺，为将来竞争激烈的小升初做准备。对此，思琪也信心满满，心甘情愿地去上妈妈为她报名参加的辅导班，还争分夺秒地认真完成学校的作业。果然，一分付出，一分回报。在期中考试时，思琪的学习成绩有了很大提升，在班级里的排名也有所提升。

在家长会上，老师点名表扬了思琪。会后，妈妈和老师聊起思琪的情况，听到妈妈说每当思琪要奖励的时候都会被拒绝，老师想了想，对妈妈说："思琪妈妈，偶尔的奖励不会宠坏孩子的，我觉得思琪现在应该乘胜追击，再接再厉，所以你不妨给思琪一些奖励，这样思琪才能更加动力十足。"妈妈觉得老师说得很有道理，当即答应老师会奖励思琪。家长会结束后回到家里，妈妈发现思琪已经把作业写完了，因而问思琪："思琪，这段时间你表现得非常优秀，事实也证明付出才有回报。妈妈希望你与妈妈可以继续配合，妈妈出钱，最大限度给你提供学习的便利条件，你出力，最大限度激发潜能，争取在学习上取得突飞猛进的进步，好不好？"思琪点点头，欲言又止，妈妈继续说："为了奖励你这次与妈妈配合起来提高学习成绩，妈妈决定答应为你购买一个礼物，或者进行一次旅游，或者满足你其他的一个心愿。你最想做什么？"思琪想了想，说："妈妈，我想去北京，亲眼看看北京大学、清华大学，这样我就更有动力啦！"妈妈很意外，没想到思琪居然提出这么有意义的奖励方案，当即答应了思琪的请求。

如果始终不给孩子奖励，告诉孩子不管做得多好都是应该的，孩子就会觉得兴致索然，也没有信心和力量继续努力奋进。事例中，妈妈在老师的建议下给思琪奖励，果然思琪喜出望外，而且也主动表示会再接再厉，更加努力地提升学习成绩，向着北大、清华等名校努力奋进。

当然，父母给予孩子激励也是要讲究方式方法的。如果父母始终不激励孩子，会导致孩子内心失落；如果父母总是以物质激励孩子，渐渐地，孩子就会觉得自己所做的一切都应该得到物质激励，从而产生依赖性，也导致自身内部动机逐渐减弱。所谓凡事皆有度，过度犹不及，父母在激励孩子的时候不但要把握恰到好处的时机，也要把握好合适的度，从而才能让激励切实有效。

此外，父母不要过度奖励孩子的天资聪颖，因为总是被夸聪明的孩子，害怕失败，害怕别人说他不聪明。如果父母在他们轻轻松松取得某种成绩之后就赞许他们，他们还会沾沾自喜，未来抵抗挫折和战胜困难的能力都会相对减弱。相反，父母要更多地激励孩子的勤奋刻苦，从而让他们知道只要努力付出就会有回报，只要坚持不放弃就能有所收获。如此一来，他们当然会加倍努力，也会给自己的人生交上更圆满的答卷。

用心、耐心地倾听孩子

不得不说，现代社会每个人的生存压力都很大，尤其是作为父母，不但要做好工作，还要照顾好家庭，抚育孩子，更是承受着多重压力。很多父母在经历一天辛苦的工作之后，回到家里甚至累得动都不想动，话也不想说。然而，孩子却想要和父母亲近，也想把自己认为有趣或者值得一提的事情告诉父母。对于孩子沟通的热情，很多疲惫不堪的父母往往会表现出厌烦的样子，甚至训斥孩子："一边玩去，别打扰我。"有的时候，他们即使没有这样直截了当地训斥孩子，也会对孩子的倾诉表现出三心二意的样子，根本没有用心在听。渐渐地，孩子沟通的欲望受到伤害，他们就不想再与父母沟通。等到父母终于反省过来，想要与孩子沟通，却已经为时晚矣。很多父母觉得青春期孩子的神秘莫测，完全不知道孩子在想什么，这也是平日里对孩子关注过少导致的。

沟通，是人与人之间的桥梁，是人心与人心的通道。哪怕是亲如父母子女，如果彼此之间没有沟通，也会产生隔阂，变得越来越陌生。很多父

母自以为生养了孩子，就了解孩子，其实不然。如果说孩子小时候，父母对于孩子的吃喝拉撒、一举一动都很熟悉，那么随着渐渐成长，孩子的心思越来越复杂细腻，父母对于孩子也会感到陌生。这就需要保持顺畅的沟通，父母才能更了解孩子，也才能走进孩子的心灵，洞察孩子的心理状态和情绪情感状态。当孩子愿意说的时候，父母要认真用心、耐心地倾听。当孩子进入青春期和叛逆期，不愿意主动表达，父母也要想方设法激发孩子的沟通欲望，从而与孩子沟通，了解孩子的内心。

爸爸正在厨房里做饭，凯奇如同一阵风一样从外面冲进来，大声喊道："我恨杰米，我恨杰米，我恨杰米！"爸爸刚刚抬起头，凯奇就已经冲到卧室里，把门重重地关上了。爸爸被凯奇吓了一跳，很懊恼，但是想到凯奇正值青春期，原本就感情冲动，爸爸决定继续做饭，等到凯奇情绪平静一些走出房间后，再与凯奇沟通。

果然，1个小时之后开饭时，凯奇走出房间，看起来情绪平稳很多。爸爸没有询问凯奇，而凯奇则主动告诉爸爸："爸爸，你知道被朋友背叛的滋味吗？"爸爸笑了笑，说："当然知道。杰米背叛你了吗？我记得你们是非常好的朋友。"凯奇生气地吼道："是的。他把我告诉他的小秘密全都告诉别人了，害得我被全班同学耻笑。"看着凯奇依然因为生气而扭曲的脸，爸爸说："哦，那真的是一种不愉快的感受，我很理解你，因为我也曾经遭遇朋友的背叛，导致颜面尽失……"听说爸爸理解自己，凯奇的表情放松下来，开始向爸爸讲述事情的经过。爸爸用心地倾听，时不时地还会点头，向凯奇表示认可。讲述结束时，凯奇明显情绪放松，居然说："其实，这也没什么，我反而感到有些轻松呢！"爸爸说："的确，背负着秘密去生活，往往会觉得内心沉重。等到秘密被公开，内心也如释重负，倒是不错的选择。"

对于凯奇愤怒的情绪，爸爸其实什么都没做，只是耐心地倾听凯奇，给予孩子尊重和理解而已。殊不知，这对于孩子就已经足够了。尊重和理解，是孩子最想从父母那里得到的东西，当父母以正确的方式对待孩子，就能够有效安抚孩子的情绪，帮助孩子保持平静和理智。

对于孩子所说的很多琐碎的事情，父母往往觉得不耐烦，也觉得都是毫无意义的小事。其实，这些事情对于父母而言也许是小事，但是对于孩子而言却是重要的事情，表现出孩子的情绪和情感状态，也时刻呈现出孩子细微的心理变化。父母要记住，作为父母对于孩子的关心绝不仅仅体现在满足各种生理需求方面，父母更要关注孩子的心理状态和情绪情感状态，才能更好地关注孩子，全方位地照顾孩子，满足孩子成长的需要。

在人际关系中，尊重是基础，当父母能够用心聆听孩子，就表现出对孩子的尊重。倾听别人的心声看似很容易，实际上真正去做，却很艰难。原本能够主动倾听孩子的父母就很少，而在这少数的父母之中，能够在倾听之中超然物外，不带有自身情绪的父母，更是少之又少。很多父母在倾听孩子的过程中，常常按捺不住自己要去评价孩子，更会肆无忌惮发泄情绪，有的时候还会质疑孩子。当父母对孩子穷追不舍时，当父母对孩子的一些表现都感到不满意时，又怎么可能与孩子进行顺畅的沟通呢？真正的倾听是把自己置身事外，是尊重和理解对方的情绪感受，是能够从容地接纳孩子表现出来的一切情绪。父母唯有心平气和，才能坐下来倾听孩子，父母唯有接纳孩子的情绪，才能宽容和理解孩子，这样亲子沟通才更加顺利和愉快。

平等对待孩子，沟通事半功倍

从理论上来说，很多父母都知道应该尊重孩子。但是从感情上来说，很多父母觉得孩子不够成熟，对孩子总是居高临下，颐指气使，导致孩子与父母在一起很压抑，也无法真正敞开心扉，吐露心声。

在每一个有孩子的家庭里，亲子关系都是非常重要的关系。从人际关系的角度来说，亲子关系也属于普通人际关系的一种，也要符合人际关系的基本原则。一切的人际交往，都要建立在尊重和真诚的基础上，父母尽管生养了孩子，却不要把孩子当作自己的附属品，更不要把孩子当成自己的私有物，而是要把孩子作为独立的生命个体去对待。孩子小时候，也许会对父母言听计从，凡事都尊重父母的意见，顺从父母的安排。但是随着渐渐长大，孩子的自我意识越来越强，他们在与父母相处的过程中，也会与父母之间发生各种冲突和矛盾，甚至是争执。作为亲子关系的主导者，父母理应更加平等对待孩子，也要与孩子进行顺畅的沟通，才能经营好亲子关系，增进亲子感情。

一段时间以来，因为爷爷生病，妈妈的心情很不好，看着爷爷一天天地躺在医院里，花钱如同流水，妈妈焦虑不安，不知道去哪里才能弄到更多的钱，赶紧把爷爷的病治好。为此，每当杰米和妈妈说话，妈妈都很不耐烦，如果杰米说的是高兴的事情，妈妈还能勉强听一听。如果杰米说的也是让妈妈心烦的事情，妈妈就会训斥杰米："别说了，一天天的烦不烦！"假如杰米不能按照妈妈的指示马上停止说话，妈妈还会训斥杰米："闭嘴！"渐渐地，杰米越来越内向，有事情不愿意和妈妈说，平日里即使妈妈主动找他搭讪，他也不想和妈妈沟通。

看到杰米忧郁的样子，妈妈担心杰米是不是患上自闭症，因而当即带着杰米去看医生。医生经过询问得知，杰米只是不想和妈妈沟通而已，实际上在学校和同学、老师相处，还是一切正常的。一开始，医生想了解杰米为何不愿意与妈妈沟通，杰米总是回避，医生耐心疏导，才明白妈妈的怒声训斥"闭嘴"，给杰米带来沉重的心理压力，也导致杰米彻底对妈妈关闭心扉。

现实生活中，很多父母都喜欢训斥孩子"闭嘴"。尤其是当他们不愿意倾听孩子讲话，或者认为孩子讲话太过啰唆时，"闭嘴"似乎就是一个开关，一旦从父母的口中说出，总是能让孩子马上遵命而行。实际上，并非"闭嘴"这个词语本身有什么神奇的魔力，而只是因为孩子在听到"闭嘴"二字从父母口中说出的时候，常常觉得自己受到侮辱，所以才马上闭口不言，看似是在遵从父母的命令，实际上是在进行无声的对抗。

遗憾的是，很多父母都是神经大条、后知后觉的。在孩子"听话"的当时，他们沾沾自喜，自认为在孩子心目中威信很高，直到孩子变得沉默寡言，出现严重的异常现象，他们才意识到孩子是在以沉默的方式与父母对抗，也才意识到自己的恶言恶语已经无形中伤害了孩子稚嫩的心灵。人与人之间思想的交流与碰撞，主要是通过沟通的方式进行的。毋庸置疑，每个人都是这个世界上独一无二的生命个体，都有自己的思想和主见，都有自己的选择和取舍。要想与孩子之间达成一致，取得共识，父母就要尊重孩子、理解孩子，从而才能做到包容孩子，也与孩子友好相处。当然，这一切的前提都是顺畅沟通，如果心与心之间的道路堵塞，不同的生命个体之间还如何加深理解、相互包容呢？由此可见，父母一定要尊重孩子，要给予孩子机会表达自己的思想，也要给孩子机会与父母沟通。

用孩子能接受的方式指引孩子

民间有句俗话,叫作"一句话说得人笑,一句话说得人跳"。这句俗话告诉我们,不同的表达方式往往会起到不同的表达效果,甚至使人产生截然不同的反应。从这个意义上来说,父母与孩子相处和沟通,一定要掌握技巧,从而达到事半功倍的效果。而一旦父母选错方式,即使说的是真理,也会导致孩子产生逆反心理,对父母所说的话一味地对抗,丝毫不愿意加以考虑。

很多父母受到传统思想的影响,总是对孩子居高临下,时刻都想指挥和命令孩子。殊不知,不恰当的教育方式一旦激发起孩子的逆反心理,就会让父母对孩子的教育寸步难行。因而父母不要施展权威的力量,而要端正态度,意识到父母是孩子的老师和引导者,也是孩子的陪伴者,不管从哪个角度而言,都应该对孩子谆谆教诲、循循善诱,而不要对孩子颐指气使、不以为然。

爸爸妈妈带着小艾去西餐厅吃饭,才吃了几口,小艾就心不在焉地开始玩水杯。妈妈提醒小艾:"小艾,认真吃饭,小心不要把茶杯打碎了。"小艾点点头,嘴里念念有词:"放心吧,不会摔坏的。"话音刚落,小艾一个不小心,把水杯掉落地上,水杯应声摔碎。妈妈很生气,当即开始指责小艾:"小艾,我提醒你了吧,你不是说不会摔碎的吗?这是怎么回事!"小艾嬉皮笑脸地说:"就是因为你提醒我,导致我分神,水杯才会摔坏的。"听到小艾的话,妈妈简直气得七窍生烟,马上要求爸爸管教小艾。

爸爸把小艾叫到一旁,小声询问:"小艾,如果你吃饭的时候专心致志,不玩水杯,还会发生这样的事情吗?"小艾摇摇头。爸爸又说:"那么，你去向妈妈道歉，然后认真吃饭，好不好？"小艾顺从地点点头，当即向妈妈道歉。

在这个事例中，小艾正说着水杯不会摔坏，水杯偏偏摔坏了，她一定感到很难为情。在这种情况下，妈妈再对小艾冷嘲热讽，小艾根本无法接受，因而她虽然知道自己做错了，却依然死鸭子嘴硬，非要和妈妈较真，导致激起妈妈的愤怒，与妈妈之间爆发争吵。

爸爸充当救火员，顾及小艾的面子，没有当着妈妈和其他食客的面质问小艾，而是把小艾叫到一旁小声询问，这一点爸爸做得比妈妈周全，也给小艾留下了好印象。接下来，爸爸引导小艾承认错误，鼓励小艾向妈妈道歉，小艾就没有那么抵触，也能够接受和采纳爸爸的建议。

孩子还小，缺乏自控力，因而在成长的过程中难免会犯各种各样的错误。作为父母，不要因为孩子犯了小小的错误就马上对孩子声色俱厉，否则只会让孩子心生抵触，也会导致孩子不愿意主动反省错误，承担责任。唯有对孩子循循善诱，引导孩子主动反思自己的错误，也让孩子从思想的高度认识到错误，才能让孩子在犯错之后及时改正错误，努力提升和完善自己。父母还需要注意的一点是，要端正思想，不忘初衷。很多父母一看到孩子犯错马上会气得七窍生烟，因为冲动而失去理智，甚至在愤怒情绪的驱使下不假思索对孩子说出过分的话，伤害孩子稚嫩的心灵。父母要知道，孩子虽然小，也有自己的情绪情感，也有自己的想法和主见。真正尊重孩子的父母，不会急于否定和批评孩子，而是会洞察孩子错误行为背后隐藏的原因，从而做到有的放矢安抚孩子的情绪，帮助孩子改正错误，同时避免再次犯错误。常言道，不忘初心，方得始终。父母也要知道，帮助孩子改正错误，提升和完善自我，才是重要的目的，而不要舍本逐末，只顾着批评孩子，导致孩子心情郁郁寡欢，说不定还会更加错误连篇呢！

批评，是一门艺术

还记得小时候打防疫针的经历吗？大多数孩子一到了打防疫针的日子，总是四处躲藏和逃窜，因为他们根本不想被针扎，更不想感受痛苦。然而，孩子喜欢吃糖丸。毋庸置疑，孩子喜欢吃糖丸，就是因为糖丸非常甜蜜，符合孩子喜欢甜的本能。还记得黄连素吗？人常说最苦不过黄连，由此可见黄连的苦是众所皆知的，但是黄连偏偏对腹泻效果非常好。为把这一味苦药利用起来，给人治病，人们在黄连外面裹上糖衣，从而使得黄连停留在口中的时候，人们只能感受到甜味，而不会品尝到苦味，一则起到治病的效果，二则也迎合了人们对于甜的喜好。

喜欢甜而排斥苦，喜欢被赞美而不喜欢被否定和批评，这都是人们趋利避害的表现。孩子还小，更加趋向于真实的本能和自然的表现，所以孩子身上趋利避害的特征会更加明显。作为父母，都知道孩子不可能不犯错误，也常常忍不住要批评孩子，那么就要掌握批评的艺术，从而才能让孩子接纳父母的批评，采纳父母的建议和意见，也水到渠成对孩子达到教育的目的。

常言道，良药苦口利于病，忠言逆耳利于行。这句话尽管很有道理，但用在孩子的身上并不灵光，因为当孩子对父母的批评产生逆反心理，批评就无法起到预期的效果。而批评的目的是什么？不是发泄情绪，不是打压孩子，而是让孩子马上调整思路，弥补错误，从而不断地提升和完善自我。因而父母在教育孩子，尤其是在批评孩子的时候，不要与孩子较劲，更不要故意以犀利的言辞刺激和打击孩子，而应该尊重孩子的本性，给予孩子更多的关照和理解，包容和接纳，也要掌握批评的艺术，才能让批评事半功倍，达到预期的效果。

有一天，爸爸单位的同事张叔叔带着他的儿子小鱼儿来凯奇家里做客。看着爸爸和同事聊得开心，凯奇与小鱼儿在一旁却无所事事，有些无聊。为此，凯奇向爸爸申请："爸爸，我可以和小鱼儿去书房玩电脑游戏吗？"听到凯奇的提议，张叔叔马上表示否定："不行，不行，小鱼儿没有自制力，一旦玩起游戏就忘乎所以，最近我惩罚他不许玩游戏呢！"爸爸看着凯奇充满期待的眼神，建议张叔叔："要不今天就破例一下，让小鱼儿陪着凯奇玩会儿吧，他们可以成为队友，和其他人一起玩。"张叔叔不好驳爸爸的面子，只好点头答应。

这时，爸爸故意抬高声音对张叔叔说："我家凯奇时间观念特别强，也特别遵守时间。每次他说玩半个小时或者一个小时，不需要我们提醒，就会在时间结束之前主动终止游戏，正因为如此，我们都同意他适度玩游戏。"说完，爸爸又转向凯奇，说："凯奇，今天爸爸依然把计时的重要任务交给你，你来把控时间，好不好？"其实，爸爸心知肚明，凯奇每次玩游戏也需要爸爸妈妈再三催促，才能恋恋不舍地结束。不过，这次爸爸大力表扬凯奇，不知道凯奇会有怎样的表现呢？还有5分钟到时间的时候，凯奇和小鱼儿一起笑眯眯地走出来，爸爸很高兴："真不错，今天居然提前了5分钟。"凯奇对爸爸说："正好我们的一局游戏结束了，如果继续玩下去，5分钟不够玩一局，要不就会延误，要么就会半途终止，也是很难受的。既然如此，我们还不如提前结束更主动呢！"张叔叔对凯奇竖起大拇指。

等到张叔叔带着小鱼儿离开，爸爸再次表扬凯奇："凯奇，你今天表现很不错，希望能够再接再厉。"凯奇当然知道爸爸的意思，不好意思地笑着点点头。

实际上，爸爸看似表扬凯奇，却是在提醒凯奇要遵守时间。也许是因为当着客人的面，凯奇不想被爸爸批评，也许是想更好地表现自己，凯奇

果然提前结束游戏，达到了爸爸的预期。爸爸非常聪明，他没有当着张叔叔的面提醒和嘱咐凯奇，更没有揭凯奇的短，而是以这样裹着糖衣的批评方式赞扬凯奇，从而让凯奇努力做得更好，正如爸爸所夸赞的那样。孩子这样心甘情愿地改变自己，都得益于爸爸的批评方式与众不同。

当然，未必针对所有孩子都要这样对待，如果孩子脸皮很厚，总是对于父母的批评无动于衷，还表现出死不悔改的样子，那么父母就要毫不留情地严厉批评孩子。当然，批评的时候要就事论事，不要刻意诋毁孩子、侮辱孩子。只有针对具体的事情对孩子进行批评，才会让孩子有切实的进步。很多父母误以为管教孩子就是不尊重孩子，为此批评孩子时束手束脚、瞻前顾后，其实这是混淆概念。尊重孩子是尊重孩子，管教孩子是管教孩子，这两者风牛马不相及，父母要区别对待，坚决执行。

第4章
培养孩子自信心,让孩子成为正直而自信的人

自信是人生的翅膀,每个人唯有拥有自信,才能在人生的海洋上扬帆远航,如果缺乏自信,就总是畏缩不前,也导致人生无限度缩水。作为父母,固然要关心孩子的吃喝拉撒、衣食住行,也要更多地关注孩子的心理需求,帮助孩子建立精神上的支柱、感情上的寄托,也让孩子找到归属感,努力实现人生价值,最终成为正直而又自信的人。

有自信，人生更积极

科学家经过研究发现，一个1岁多的孩子，在发现他人需要帮助之后，马上就会表现出急切的热情，而且也会尽自己最大的力量去帮助他人。这充分告诉我们，孩子已经具备乐于助人的品质，只是因为能力的限制，他们能够提供给他人的帮助有限而已。孩子的本能是友好的，他们愿意贡献自己的力量，给他人以热情的帮助。对于孩子这种近乎天性的表达，父母一定要高兴地接受。遗憾的是，很多父母对于动作笨拙的孩子提供的帮助非但不感谢，反而带着一脸嫌弃的神情，恨不得把孩子赶得远远的，不要来添乱呢！

的确，孩子因为自身能力的不足，可能会好心办坏事，把对别人的帮助做得乱七八糟，但是孩子的出发点和动机是好的。很多细心的父母会发现，有些孩子已经很大了，但是却不能把事情做好，而有些孩子还很小，却积极地做各种事情，而且在不断成长中，各方面能力都水涨船高。这就是父母对孩子的态度不同导致的。后者得到父母的鼓励，把事情越做越好；前者被父母嫌弃和否定，渐渐地失去信心，不但无法把事情做好，在面对很多事情的时候还盲目自卑，不敢尝试。

作为父母，都知道自信心对于孩子的重要性，却不知道如何培养孩子的自信心，更不知道怎样才能避免伤害孩子的自信心。这是因为很多父母对于孩子的伤害都是不知不觉中进行的。试问：一个人如果根本意识不到自己的错误，又如何能够积极地改正错误呢？作为父母，一定要保护好孩子乐于做事的热情，不要因为孩子做不好就剥夺孩子做事情的权利，而是要坚持鼓励孩子，给孩子提供更多的机会去尝试、去进步。

妈妈是一个性格急躁、做事非常利索的人。虽然乐乐经常想帮助妈妈做家务，但是妈妈都以"不要添乱"为理由拒绝了。就这样，乐乐从积极主动地要求帮妈妈择菜、洗碗，到后来变得越来越懒惰，哪怕妈妈让他帮忙他都不愿意，这使妈妈怨声载道，对乐乐意见很大。

有一个周末，家里要来客人，妈妈让乐乐帮忙把地上的灰尘吸一吸，乐乐极其不乐意，对妈妈说："我可不想弄地。"妈妈很生气："那你想干什么？"乐乐不以为然："看电视啊。"妈妈给了乐乐一个大大的白眼，强制要求乐乐："现在，立刻，马上，拿起吸尘器整理地面！"乐乐说："我做不好，我从来没有做过啊！"妈妈反驳："谁都是从不会到会的，你要努力尝试，坚持去做，才能做得越来越好。"突然，乐乐似乎想起来什么，脸上现出狡黠的笑容，问妈妈："你不怕我给你添乱吗？"妈妈说："不怕。你必须去做。"就这样，乐乐极不情愿地开始清理地面，拿着吸尘器在地上横冲直撞，不是不小心碰到墙角，就是不小心碰到墙面，把妈妈气得七窍生烟。

看完这个事例，很多人都觉得乐乐既顽皮又懒惰，然而再认真推敲一下，却发现乐乐曾经是个乐于帮助妈妈的孩子，只是因为妈妈嫌弃他添乱，什么事情都不让他做，他才会渐渐地疏于帮忙做家务，也越发懒惰起来。假如在孩子积极主动帮忙的时候，父母能真诚地对孩子说一声"谢谢"，则孩子一定会感到非常满足，内心也会升腾起更大的热情。

作为父母，要学会保护孩子的热情。哪怕孩子好心帮忙，最终却把事情搞砸了，还给妈妈带来麻烦，妈妈也要真诚地感谢孩子，才能让孩子更乐此不疲地提升自己各个方面的能力。很多父母在教养孩子的过程中都陷入误区,他们或者对孩子的管教太过严格,或者一味地想为孩子提供更多的财富,而忽略了对孩子感情需求的满足。孩子从呱呱坠地开始就接触父母,在父母无微不至的爱与照顾之下成长,父母理应关注和热情对待孩子,才能让孩子的人生有温度、更从容。

诚实,是孩子最难能可贵的品质

常言道,诚实是立世之本,一个人如果不诚实,很难在社会上立足,也很难让自己成为一个顶天立地的人。父母在教育孩子的过程中,要着重培养孩子诚实的品质,从而让孩子内心坦荡,做人无愧于心。

孩子拥有诚实的品质,在社会生活中会有积极的表现。不诚实的人在生活的逼迫下,情不自禁就会选择以谎言逃避责任,以谎言保全自己。而诚实的孩子有着挺直的脊梁,他们不愿意因为各种原因就放弃自己做人做事的原则。做人,总是要有原则和底线的,这些东西构筑成人的底气。诚实的人是有底气的人,诚实的人也是有勇气、能够承担起责任的人。

人人都知道,撒了一个谎,就要环环相扣再撒无数次谎来圆第一个谎言。从这个角度而言,爱撒谎的人相当于把自己束缚住了,给自己上了枷锁。唯有诚实,才能让人从容坦荡,对于自己的言行举止都能负起责任,也从来不会因为各种事情而变得畏缩、胆怯。当然,诚实的品质不是与生俱来的,而是在后天的成长过程中渐渐形成的。作为父母,除了要教育孩子诚实守信之外,更要以身作则,给孩子树立诚实的榜样,才能逐渐培养孩子诚实的品质。父母还需要注意的是,当孩子犯错误,只要不是严重的

原则性错误，不要过分严厉地惩罚孩子，毕竟惩罚的目的是让孩子改正错误，而不是让孩子加重错误。若父母对孩子的惩罚过于严厉，为了逃避责任，孩子就会以撒谎的方式保全自己。从这个角度而言，父母要宽容孩子，理解孩子，才能让孩子主动袒露心声，承担起自己的责任。

很久以前，妈妈带着小列宁去姑妈家里玩。因为很久都没有见到姑妈家里的表兄弟姐妹，所以列宁很高兴，才到姑妈家，就与兄弟姐妹们高兴地玩起来。他们在客厅里跑来跑去，还为了捉迷藏而躲到家里的角落中。轮到列宁找大家的时候，却因为心急，不小心把姑妈摆放在楼梯口附近的花瓶打碎了。

正在聊天的姑妈和妈妈听到响声，赶紧过来查看情况。看着自己最心爱的花瓶变成了碎片，姑妈心疼不已，当即询问孩子们："我的花瓶是被谁打碎的？"兄弟姐妹们你看看我，我看看你，纷纷摇头表示否定。轮到列宁回答问题，列宁也和他们一样摇头否定。看着列宁的样子，妈妈心知肚明一定是列宁闯的祸，但是既然列宁不愿意承认，妈妈也就没有当众戳穿列宁。

回到家里，妈妈每天都给列宁讲关于诚实的故事，一天晚上，听完故事的列宁忍不住哭起来，主动向妈妈承认："妈妈，姑妈家的花瓶是我打碎的。"妈妈看到列宁承认错误，非常欣慰，抚摸着列宁的头说："乖孩子，你能主动承认错误，这就很好。那么，接下来你打算怎么办呢？"列宁说："明天，我就写信向姑妈道歉。"妈妈建议："不要等明天了，你何不现在就给姑妈写信呢？"列宁当即坐到书桌前，开始给姑妈写信道歉。在信里，列宁承认自己的错误，真诚地向姑妈道歉，还承诺要赔偿姑妈。很快，姑妈的回信来了："你的诚实比花瓶珍贵得多。"

在这个事例中，妈妈之所以没有当着姑妈和表兄弟姐妹的面揭穿列宁的谎言，是为了给列宁留面子，维护列宁的自尊，也是想给列宁机会主动承认错误。后来，妈妈对列宁循循善诱，以故事对列宁展开引导，从而让列宁主动承认错误，积极地改正错误，这才是妈妈的目的。

很多孩子之所以撒谎，是因为说实话不能得到父母的谅解，也有可能是从父母身上受到消极负面的影响。因而父母不要一味地要求孩子，而应该从孩子的角度出发考虑问题，从而有的放矢地鼓励孩子说真话，让孩子养成诚实守信的良好习惯。

退一步而言，当发现孩子撒谎，父母千万不要姑息纵容孩子。对于孩子而言，撒谎是有了第一次，就会有第二次的，因而父母要当即对孩子表明立场，从而给孩子制定规矩，让孩子严格遵守规矩。此外，为了让诚实教育对孩子起到更好的效果，父母还要以身作则，给孩子树立积极的榜样，这样孩子才能从父母身上得到正面的引导和正向的力量，也才会更加尊重父母，与父母之间建立良好的亲子关系。

拥有自制力，成长更稳健

通常情况下，约束力是来自外界的，而自控力则是来自生命个体内部的。因而相比之下，自控力的力量比约束力更强。然而，人的本能就是趋利避害，这就注定了大多数人都会做出有利于自己或者符合自己期望的选择，而不会以自控力严格控制自己。从这个角度而言，每个人都需要约束力的制约，从而才能让自己的言行举止更符合规则。

每一个父母都望子成龙、望女成凤，都希望自己的孩子出类拔萃、出人头地。殊不知，在人群之中，真正位于金字塔尖的人少之又少，大多数

人都位于金字塔的底部和中部，所以父母也要接受孩子的状态，承认自己的孩子并不那么优秀。对于平凡的孩子，并不意味着父母就要对孩子采取放弃的态度，毕竟父母自己也是普通人，所以只要过好寻常的生活，也就达到了预期的目的。为了让孩子拥有更好的人生，在家庭教育中，一定要培养孩子的自制力，让孩子为自己的人生做主，为自己的成长保驾护航。

众所周知，父母即使再爱孩子，也不可能陪伴孩子一生。在漫长的人生中，孩子终究要离开父母，独立生存。如果说在孩子小时候，父母还可以亦步亦趋地陪伴孩子，和孩子共同成长，那么随着渐渐长大，孩子必然会离开父母的身边，独自面对人生。这时，有自控力的孩子与没有自控力的孩子，人生必然不同。

有一位西方心理学家针对特定年龄段的孩子做了一个实验。在实验过程中，心理学家把孩子们集中在一个大的教室中，然后给每个孩子发了一块糖果。这些糖果包装非常精美，仅仅看包装，就让人忍不住想要吃掉它。然而，心理学家告诉孩子们："我现在有事情需要离开一会儿。你们可以选择现在吃糖果，那么你们就只有这一块糖果，吃完了就没有了。你们也可以选择等到我回来再吃糖果，我将会给你们再发一块糖果，这样你们就有两块糖果。"心理学家说完这番话就离开了。

有的孩子当即剥开糖果的包装，开始津津有味地吃糖果；有的孩子在坚持了几分钟之后，还是没有经受住糖果的诱惑，也开始吃糖果；还有的孩子始终在想尽办法抵御糖果的诱惑，他们闭上眼睛假装睡觉，对着糖果吐口水，甚至把糖果扔得远远的。最终，忍住没吃糖果的孩子等到心理学家回来，又得到一块糖果。心理学家对这些孩子展开追踪调查，发现能够延迟满足、以自制力约束自己等一等再吃糖果的孩子，在若干年后都成为举重若轻的重要人物。这充分证明了拥有自制力的孩子人生发展前景更好，也告诉我们孩子的性格养成至关重要。

常言道，没有规矩不成方圆。在现实生活中，没有任何孩子是完全凭着自觉去成长的，父母要为孩子制定规矩，也要引导和帮助孩子主动遵守规矩。这样，孩子的自制力才会越来越强，也能在各种情况下有的放矢地发挥自制力，变得更自控。除了对孩子进行自制力训练，制定规矩让孩子努力遵守之外，父母还可以为孩子讲一些故事，从而让孩子潜移默化受到影响。

此外还需要注意的，自制力非常重要，应该从生活的细枝末节着手培养。例如每天按时起床、按时洗漱睡觉，每天都要完成一定量的学习任务，还要坚持运动等。这些事情看似是小事，却需要极大的毅力去坚持，否则孩子就会越来越懈怠，最终没有任何自制力，也在现实生活中毫无规矩可言。

鼓励孩子勤奋努力，不要夸赞孩子聪明

在较短时期内，聪明的孩子会有更加出色的表现，因为他们的思维能力很强，思想灵活，总是能想出卓有成效的办法解决问题。但是，当聪明的孩子过分依赖聪明取得进步，随着时间的流逝，他们必然越来越落后，也会因为聪明不再起到显而易见的作用，而倍感沮丧和绝望。明智的父母知道，对于孩子漫长的一生而言，聪明固然好，但是勤奋努力却是更重要的精神和品质。常言道，人生不如意十之八九，这就告诉我们大多数人的人生都不可能是一帆风顺的。要想战胜坎坷和挫折，在人生中茁壮地成长，乘风破浪，披荆斩棘，必须努力，必须勤奋，而且还要勇往直前，绝

不畏缩。

很多父母都因为孩子聪明而沾沾自喜，每当孩子取得小小的成绩，他们还会不假思索地夸赞孩子聪明。殊不知，当孩子自以为聪明，也扬扬得意地认为自己不需要过分努力，只需要发挥小聪明，就能得到父母的赞许和他人的认可，他们必然会更加卖弄聪明。所以父母不要夸孩子聪明，而要夸孩子勤奋努力，让孩子意识到他的一切收获，都是凭着勤奋努力才获得的。在这种情况下，孩子会更加努力地生活，也会全力以赴去做好每一件事情。常言道，书山有路勤为径，学海无涯苦作舟。学习是没有捷径的，如果说一定有捷径，那就是勤奋。不管孩子做什么事情，父母都要引导孩子打好基础，而不要引导孩子找捷径，不花费太多的时间和精力就试图把意见事情做好，这是根本不可能实现的。

丁俊晖从小就在台球方面表现出一定的天赋，因此有很多人都称呼他为"台球神童"。然而，丁俊晖的父亲知道，儿子在台球方面点点滴滴的进步，都是通过勤奋和努力获得的。

早在读小学时期，丁俊晖就对台球表现出浓郁的兴趣。父亲非常支持丁俊晖，想方设法创造条件支持丁俊晖练球。而小小年纪的丁俊晖也不负父亲的期望，在台球上取得了突飞猛进的进步，而且还立志要打败世界台球第一人亨得利。为了尽快实现梦想，为了集中所有的时间和精力苦练台球，丁俊晖才10岁就开始全力以赴练球。后来，父亲为了让丁俊晖接受更好的教育和指导，带着丁俊晖来到广东生活。因为家境贫寒，经济条件窘迫。有一段时间，丁俊晖和父亲每餐都只吃最便宜的盒饭。虽然日子很艰苦，进展很艰难，但是丁俊晖父子都怀着坚定不移的信念，从来没有过任何动摇和怀疑，更不曾想过要放弃。

初一的时候，丁俊晖彻底辍学，因为他必须把所有的时间和精力都用于练习台球，与此同时，他还会陆续参加各种级别的比赛。所谓功夫不负有心人，在吃尽苦头却依然坚持不懈、努力训练之后，丁俊晖终于在台球上取得了辉煌的成就。

没有人只凭着天赋成功，更没有人只凭着聪明成功。即使孩子真的在某个方面有独特的天赋，也要非常勤奋和努力，才能让天赋发扬光大。否则，要是只靠聪明，不愿意付出汗水、泪水和血水，则孩子只会一事无成。在教养孩子的过程中，父母要告诉孩子，对于成功而言，聪明并不是必备因素，更不是决定因素。所谓天时地利人和，任何人要想收获成功，都必须目标远大，不忘初心，坚持不懈，才能在成长的道路上获得更多的机会，也才能得到更多的收获。

成功看似很遥远，实际上就在不远处，也并不像大多数人所想的那样遥不可及。每个人只要勤奋努力、用功刻苦，就能在生命中绽放华彩，获得属于自己的成功。父母一定要记住，不要夸赞孩子聪明，这只会让孩子不愿意付出，不愿意努力，而缺乏坚韧不拔的意志力。所谓平常心，就是尽人力、知天命，对于孩子来说就是拼尽全力，坚持到最后一刻，做到问心无愧，无怨无悔。

孩子要体谅父母的辛苦，感恩父母

很多父母最常对孩子说的一句话就是"爸爸妈妈所做的一切都是为了你，你只要好好学习，就是对我们最大的回报"。听起来，父母的爱是非常无私且高尚的，对于孩子，父母完全是一片赤诚之心，无怨无悔。然而，在这样日复一日的说教中，原本还能想到父母辛苦的孩子，渐渐变得

麻木，对于父母的一切付出都习以为常。

作为父母，对于孩子的爱当然是不求回报的，但是为了孩子的成长考虑，父母最好不要把这颗不求回报的心完全展示给孩子看。否则，孩子就会无视父母的付出，也根本不会主动体谅父母的辛苦，更不会感恩父母。现代社会，之所以有那么多孩子啃老，对父母索求无度，而丝毫不懂得感激父母，就是因为他们对父母的付出习以为常，丝毫不能想到父母老了，作为孩子该为父母支撑起一片天空了。当出现这样的情况，渐渐老去的父母还如何能够得到子女的赡养呢？与其等到孩子在父母无条件、无限度的爱中变成白眼狼，父母理应从孩子小时候就培养孩子的感恩之心，常常对孩子说："爸爸妈妈工作很辛苦，你要感恩爸爸妈妈，也要尽力为爸爸妈妈分担。"看起来，是父母在索取孩子的关注和感恩，实际上却能为孩子养成良好的感恩习惯，也让孩子知道父母的辛苦和不容易。

尊老爱幼是中华民族的传统美德，这只是针对陌生人而言。在一个家庭中，孝敬父母，是每一个子女都应该尽到的责任和义务。记得有句话说，父母在，人生尚有来处；父母去，人生只剩归途。父母是每个人生命的起源，父母是每个孩子心的安放之处。如果没有父母，孩子会感到惶恐，也觉得自己的人生变得毫无头绪。然而，现代社会不孝敬父母的孩子越来越多，哪怕孩子自己也已经为人父母，他们依然无法体谅父母养育他们的辛苦，不得不说，这是教育的缺失，也是人性的堕落。

有一天，贵妇人带着几个女伴去一家熟悉的珠宝商那里购买珠宝，珠宝商为她们推荐了一款品质上乘、款式新颖的珠宝，贵妇人一行很想马上看到珠宝。但是，珠宝商却很犹豫地拒绝了她们，并且承诺可以在两个小时之后让她们亲眼鉴赏珠宝。贵妇人可是个急脾气，根本不愿意等待，因而当即出更高的价钱，只想当即看到珠宝。出乎她们的预料，即使她们已经把价格飙升到3倍之高,珠宝商还是不为所动,依然坚持要两个小时之后亲自把珠宝送到她们的府上。

贵妇人很生气,当即带着女伴们离开。才过去一个小时,珠宝商就乘坐马车,捧着珠宝,来见她们。这珠宝的确完美无瑕,简直是世间极品。为此,贵妇人依然要出高价购买,不想,珠宝商却说:"我不需要高价,你们只需要按照我所提出的合理价格,也就是那个最低价格购买即可。"贵妇人很奇怪:"我还是想不通,你为何当时不给我们看珠宝吗?我们以为你是待价而沽,你却只坚持合理价格售卖。"珠宝商笑起来,说:"其实,刚才柜子的钥匙在我父亲那里。你们知道,他年纪大了,好不容易睡个午觉,我不想打扰他。所以即使你们出再多的钱,我也要等到父亲自然睡醒。"

珠宝商非常孝敬父亲,所以在父亲带着钥匙睡着之后,他宁愿不做生意,也不愿意惊扰父亲的睡眠。如果每个孩子对于父母都这样呵护,那么全世界的父母都会变得幸福快乐。现代社会,很多孩子都是独生子女,他们独占父母所有的爱,也得到祖辈全部的呵护,因而渐渐地形成了错误的思想,觉得自己就是宇宙的中心。在这种思想的影响下,很多孩子都养成自私任性、唯我独尊的坏习惯,在和父母的交往中表现很糟糕,也无法做到主动为父母着想。

父母是孩子感情的风向标。父母在,家就在,所以说是父母为孩子支撑起人生的天空,给予孩子成长的土壤和赖以生存的空间。为了改善亲子关系,父母和孩子都要积极主动,以恰到好处的方式与对方沟通,尤其是作为孩子,更要对父母常怀感恩之心,才能最大限度激发出自己内心的孝敬之意。作为孩子,当与父母的关系好了,整个人生都会焕发出截然不同的神采。与此同时,孩子学会了与父母相处,在人际关系中也会主动为他

人着想，体谅他人辛苦，因而建立良好的人际关系，拥有好人缘。

善良，是孩子受益一生的优秀品质

善良是一种至高无上的美德，是让孩子受益一生的优秀品质。自从彭宇案以来，整个社会都陷入道德滑坡的局面，也使得人与人之间的关系越发冷漠，每个人作为独立的生命个体常常感到孤独和无助。一个缺乏善良的人，对这个世界都会变得冷漠无情，因而人际关系也陷入窘境之中。作为父母，在对孩子展开家庭教育时，一定不要忽略了善良教育。只有善良的孩子，才会带着善意接纳这个世界，才会以友好的心面对他人。只有善良的人，才懂得"赠人玫瑰，手有余香"的道理，才会将博爱洒满人间。善良还是个人的基本品质，善良的人则会想方设法为社会做出贡献，实现自身的价值，而不善良的人会利用各种有利条件危害社会。越是在孩子年幼的时候，越应该对孩子进行善良教育，这样孩子不断成长，感情才会更加完善和稳定。

对于善良，很多父母都存在误解，觉得善良的孩子一定会受到他人的欺负，变成不折不扣的老好人，处处被动。又因为受社会风气的影响，很多父母未雨绸缪，再三叮嘱孩子不要为了帮助他人而伤害自己，更不要节外生枝给自己的生活带来麻烦。在这种明哲保身的教育风潮下，很多孩子都日益冷漠。在对外界冷漠的同时，他们对于家庭内部的手足、父母、长辈，也变得薄情寡义。

吃亏真的可怕吗？古人云，吃亏是福。为了避免孩子吃亏，就让孩子远离善良，把心变得和冰块一样坚硬、冰冷，这才是最大的吃亏。明智的

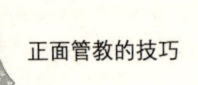

父母不会舍本逐末，相反，他们会把善良根植于孩子心底，让孩子在善良对待他人的过程中，也得到他人的尊重、理解和信任，也得到他人的无私付出和真诚对待。唯有如此，人与人之间才会充满爱，人际关系才会更加和谐。

有一天晚上，天气很糟糕，不但寒风凛冽，而且大雪纷飞。亨利开着车在已经结冰的道路上艰难前行，突然看到前方的路边站着一个佝偻的身影。亨利提前踩刹车，把车子缓缓地停好。原来是一个年逾古稀的老人。亨利很热情地招呼老人上车，并且承诺即使绕一点儿路，也会把老人送到目的地。老人感激不已，连声感谢亨利。

亨利小心翼翼地开车，在经过一个弯道的时候，被前方冲过来的车别到，亨利下意识地踩刹车，结果车子打滑，无法控制地翻到山谷里。亨利醒来的时候已经躺在医院的病床上了，他的伤势不太严重，只是腿部骨折，卧床休养一段时间就能康复。而老人的伤势不容乐观，老人头部受伤，已经接受了手术，目前仍然在昏迷之中。亨利突然觉得头痛欲裂，也感到自己即将面临大麻烦：按照法律规定，亨利要负担老人70%的手术费，这还是最好的结果。如果老人的家人坚持追究亨利的责任，那么亨利还要面临更糟糕的情况。出乎亨利的预料，老人的家人买着礼物来探望亨利，没有任何人对亨利提起赔偿。

整整两个月过去了，老人才从昏迷中醒来。亨利第一时间就去看望老人，却没想到老人才刚刚恢复清醒，就对家人说："不要追求司机的责任，他是个好人，他是在帮我。"得知孩子们都对亨利表示了感谢，老人这才放下心来。很多人都因老人的善良深受感动，他们主动自发地为老人募集捐款，后来，老人把捐款全部捐献出来，用以支持善良的人坚持行善，坚持做好事。

现实生活中,很多人因为做好事,反而面临巨额赔偿,尽管这是符合法律规定的,但是却无法让人在感情上接受。还有一些好人完全无偿帮助他人,结果被别有用心的被救助者讹上,导致陷入困境。然而,归根结底,这些都是社会生活中的少数负面现象和消极能量。这个社会上,还是好人多,所以在遭遇灾难的时候,才会有那么多人主动地出钱出力,帮助他人。

父母一定要告诉孩子善良的价值和含义,从而孩子才能积极主动地帮助他人,坚持行善。正如法国名著《三个火枪手》中所说的,我为人人,人人为我。现代社会,没有人能够完全脱离人群离群索居、自给自足地生活,每个人都必须融入社会,成为社会的一员,才能在与他人的互帮互助中生存得更好。有人说,爱笑的女孩运气总不至于太差,我们要说,善良的孩子人生总会得到回报。当孩子拥有善良的品质,他们也就拥有了一生的护身符。

有影响力的孩子一呼百应

细心的爸爸妈妈发现,如今的电视屏幕上,几乎所有品牌企业的宣传广告都是明星代言的,还有个别牙膏的广告,还会邀请牙医代言。这是为什么呢?其实,这是企业的一种宣传策略,他们在利用明星的影响力,让明星带动普通民众,也就是让普通民众对明星跟风,从而有效地提升企业的产品市场占有率,让产品走入千家万户,实现成功营销。

巴菲特是享誉全球的股神,对于资本的运作达到了出神入化的程度,巴菲特也是一个伟大的慈善家,他常常在富豪群体内开展募捐,从而为全世界贫困地区提供切实有效的援助。在国内的娱乐圈，也有一些明星热衷于公益事业，诸如韩红，就经常在明星群体内组织开展募捐活动。其实，不管是巴菲特还是韩红，都是在运用自身的影响力筹集善款。

影响力听上去是一个玄奥的概念，实际上在生活中无处不在。例如走在大路上，突然看到超市门口排起长队，马上就会有很多人跟风排队；如果在小群体内有人买车了，马上就会有人跟风买车……人与人之间总是相互影响的。自古以来，那些振臂一呼、应者云集的杰出人物，都是因为具有影响力，才有那么多的追随者，也才能做出独属于自己的伟大事业。由此可见，成为一个有影响力的人，对人的一生都会起到巨大的推动作用。

乐乐学习成绩非常好，始终在班级里名列前茅。为此，升入三年级之后，老师特意委派乐乐当学习委员，让乐乐带着大家搞好学习。然而，才当了几天的学习委员，乐乐就找到老师请辞。老师不明所以，劝说乐乐认真考虑，还让乐乐回家和爸爸妈妈商量。乐乐不明白：不就是不当学习委员吗，有必要和爸爸妈妈商量吗？

既然老师一时之间还没有接受他的辞职申请，所以乐乐回到家里以轻描淡写的语气把自己要辞去学习委员一职的事情告诉了爸爸妈妈。不想，爸爸妈妈当即反对，还询问乐乐为什么要这么做。乐乐说："这还用想吗？我当了学习委员，还要管着他们学习，但是他们不愿意学习啊，反而耽误我学习的时间，简直太不划算了。"爸爸引导乐乐："那么，你知道老师为何要让你当学习委员吗？"乐乐不假思索，脱口而出："觉得我学习好呗。"爸爸继续说："那么，老师为什么要找学习好的孩子当学习委员呢？"乐乐想了想，说："为了让同学们向我学习吗？"爸爸说："你只说对了一半。"乐乐摸摸脑袋，想不出来如何回答。爸爸说："一个是号召同学们向你学习，二个是想让你把学习的经验传授给同学们，帮助他

们在学习上获得进步。"

乐乐哭丧着脸说:"但是,他们都不喜欢学习啊。"妈妈忍不住笑起来:"如果人人都像你一样学习,你们班还有必要安排学习委员吗?就是因为大多数同学对学习不自觉,才让你带动他们啊!"乐乐恍然大悟。爸爸鼓励乐乐:"乐乐,你要发挥自己的影响力,因为你学习好,所以同学们会更认可你的学习方法。如果你能把自己的学习方法教给同学们,也渐渐地改变同学们厌学的情绪,那么你就能彻底扭转整个班级的学习风气,老师一定会对你刮目相看,也庆幸自己选对了你。"在爸爸妈妈的轮番鼓励下,乐乐决定继续干学习委员,而且要干好学习委员。他和爸爸妈妈集思广益,想出很多积极的办法引导同学们学习,果然取得了良好的效果。

很多学习好的孩子不愿意当班委,是因为他们把时间和精力用于自己的学习上,是非常轻松的,而如果要腾出更多的时间和精力去管着全班同学,让自己以领头羊的身份带领全班同学进步,则会吃力很多。也有一些爸爸妈妈觉得当班委影响孩子学习,所以不愿意让孩子当班委,实际上,当班委能提升孩子的影响力,锻炼孩子的管理能力,让孩子具备领袖的水平和气质,对于孩子的成长而言是难得的锻炼机会。因而父母要珍惜孩子当班委的机会,积极地支持孩子,尽全力鼓励孩子,也想方设法帮助孩子。当孩子既能把学习学好,也能把班级管理好,可想而知孩子的能力得到了多么大的提升。

细心的父母会发现,在人群之中,总有极少数人即使站在人堆里也能一下子跳脱出来,他们不但能力超群,而且气质不俗,最重要的是具有非凡的影响力,总是能够让自己进入他人的视野,也总是能够让自己得到他人的认可,赢得他人的赞赏。如果孩子具有影响力,习惯于当领头羊,他们的人生会因此而变得不同。

帮助孩子主宰情绪，掌控人生

　　孩子因为身心发展所处的特殊阶段，原本就容易陷入情绪冲动之中。尤其是在遇到很多突发的事件时，往往只有极少数孩子能够保持相对冷静，大多数孩子都会陷入紧张慌乱的情绪之中，非但无法及时解决问题，反而会使事情变得更加糟糕。其实，不仅孩子如此，很多成人也是如此。如果不能很好地控制情绪，成人同样会成为情绪的奴隶，受到情绪的驱使。为了帮助孩子从小养成主宰情绪的好习惯，父母首先要调整好自身的情绪，给孩子树立榜样，其次要教会孩子管理情绪的好方法，从而让孩子驾驭情绪，掌控人生。

　　孩子处于贪玩的年纪，他们喜欢和同龄人亲近，又因为彼此都不够成熟，而陷入被动的状态之中，常常发生争执、矛盾，甚至打闹。细心的父母还会发现，有些孩子喜欢骂人，他们不知不觉间就学会骂人，而且在骂人的时候感受到肆意发泄情绪的酣畅淋漓。尽管在事后被指出错误的时候，大多数孩子都接受批评，也愿意及时改正错误，但是一旦情况发生，他们又会依然故我，根本无法合理有效地控制自己的情绪。不得不说，一旦以这种糟糕极端的方式发泄情绪成为习惯，孩子就会陷入被动的成长状态，甚至因此会导致人际关系恶劣，经常与他人产生纷争，也因为心思狭隘导致自身承受更大的压力，无法健康快乐地成长。

　　为了避免孩子受到负面情绪的伤害，帮助孩子更好地控制情绪，父母要在孩子小时候就有意识地引导孩子的情绪，帮助孩子合理控制情绪。如果孩子的负面情绪已经产生，父母还要引导孩子以合理的方式发泄情绪。记住，当孩子陷入愤怒状态，父母切勿再以愤怒刺激孩子的情绪，而要以平静舒缓的情绪安抚孩子，帮助孩子尽快恢复平静，消除不良情绪。

第4章 培养孩子自信心，让孩子成为正直而自信的人

很久以前，有个男孩特别喜欢生气，他几乎每天都要生气，有的时候情绪恶劣，居然在一天的时间里数次生气。因为男孩的坏脾气，朋友们都远离他，避免受到他坏脾气的干扰。家里人也都躲着男孩，不想撞到男孩的情绪枪口上。

为了帮助男孩改掉坏脾气，有一天，爸爸想出了一个好办法。只见爸爸准备了一个锤子和一口袋钉子给男孩，对男孩说："如果你再发脾气，就从袋子里拿出一颗钉子钉到你房间里的松木衣柜上。"男孩很喜欢那个松木衣柜，因而当第一天就在原本光滑的松木衣柜上钉上8颗钉子时，男孩觉得心疼不已。此后的每一天，松木衣柜上都会多出几颗甚至十几颗钉子。随着松木衣柜上的钉子越来越多，男孩意识到自己发脾气的次数实在太多了。为此，他开始有意识地控制自己的脾气。渐渐地，男孩每天发脾气的次数都在减少。很久之后，男孩终于可以做到连续1个月不发脾气，整个人都变得温和稳重很多。这个时候，爸爸对男孩说："当你一整天都不发脾气，你可以从衣柜上拔掉一颗钉子。"和把钉子钉到衣柜上的时间相比，男孩用了几倍的时间，才把钉子全都拔掉。

看着衣柜上拔掉钉子之后千疮百孔的一片，男孩很羞愧，爸爸语重心长地告诉男孩："看看吧，你每一次发脾气，都像在人的心上钉钉子。而哪怕你花费更长的时间努力拔掉这些钉子，但是钉子留下的洞却永远不能消除。这些伤疤同时也留在人的心上，是无法抹平和完全修复的。"此后，男孩性情温和，很少再发脾气。

一个人如果不能驾驭自己的情绪，就像是在给他人的心上钉钉子，哪怕后来想方设法把钉子拔掉，也会使他人的心千疮百孔。与其在伤害他人之后再去弥补，不如努力控制好情绪，一则可以让自己心情愉快，二则也可以让身边的人得到温和的对待，建立良好的人际关系，可谓一举数得。

父母是孩子的第一任老师，父母的言传身教对于孩子影响很大。因而每个父母都要以平和的心态对待孩子，这样才能给孩子树立积极的榜样，让孩子在成长的过程中更多地感受温和的情绪，也学会和父母一样温和友善地对待他人。父母还需要注意，如果父母真的很生气，也要控制好情绪，教给孩子正确发泄情绪的方式。当父母在大发雷霆的时候歇斯底里，无法控制地摔砸各种东西，则孩子也会受到父母的影响，渐渐形成恶劣的情绪习惯。父母可以正面表达情绪，针对惹怒自己的事情说出感受，这样才能卓有成效地解决问题，也才能给孩子树立积极的榜样作用。孩子也是父母的镜子，很多时候孩子出现问题，根源恰恰在父母身上。从这个意义上来说，父母和孩子也是相辅相成的，互为促进。

第 5 章
孩子成长的好习惯，要靠父母精心培养

好习惯成就一生。很多父母都知道好习惯的养成对于孩子的重要意义和深远影响，却不知道如何才能帮助孩子养成好习惯。父母一定要时刻牢记，身教大于言传，引导大于说教。唯有把握这两个原则，父母才能在教育孩子的时候掌握正确的方法和技巧，才能让教育事半功倍。

孩子的情绪宜疏不宜堵

现代社会，有很多孩子都很任性骄纵，具体表现就是脾气又大又坏，往往让人无法招架。他们不管做什么事情都从自己的角度出发，只尊重自己的意愿，一味地想要满足自身的需求，而丝毫不会照顾他人。在这种情况下，他们遇到不喜欢吃的食物就不吃，甚至因为一时生气而将其倒入垃圾桶；看到不喜欢的电视节目，他们会马上气鼓鼓地关掉电视；如果不喜欢父母为他们准备的衣服，他们还会自己挑选衣服，甚至故意与爸爸妈妈对着干，就挑选爸爸妈妈不喜欢的衣服穿……在这种情况下，很多父母都感到困惑：我们是生了个孩子，还是给自己找了个冤家对头？这么小小年纪的孩子，衣食无忧，吃喝不愁，怎么就有那么大的怒气和不满呢？

究其原因，孩子情绪暴躁的原因有很多。现在很多家庭里都只有一个孩子，因此孩子集爸爸妈妈的宠爱于一身，也得到爷爷奶奶、姥姥姥爷无微不至的爱与关照。渐渐地，他们就养成了以自我为中心的思维习惯，又在长期的娇生惯养中理所当然地认为自己的一切需求都必须得到满足。此外，还有些孩子脾气暴躁不是因为得到太多的爱，而是因为感觉自己被忽略，或者某种需求没有得到满足。越是年幼的孩子，越是习惯于用情绪来表达自己的需求。例如孩子在1岁之前，因为还不会说话，所以他们稍有不如意就会马上哭泣，用哭声来宣誓自己的权利。等到1岁之后，孩子的哭泣带有更多的情绪成分，孩子们越来越意识到情绪的力量，也更加善于使用

情绪。

4岁的小雅简直是个蛮横无理的小公主,稍微有不如意的事情,马上就会情绪冲动,歇斯底里地大吼大叫。为此,爸爸妈妈伤透脑筋,根本不知道如何对待小雅。

周末,妈妈在家休息,看到家里乱糟糟的,就把地拖了一遍,还把散落各处的玩具都搜集起来,放到玩具箱里。小雅午睡起床,累得大汗淋漓的妈妈对小雅说:"小雅,看看你的玩具一角,是不是干净很多?都是妈妈的功劳啊。"不想,小雅非但不感谢妈妈,还对妈妈大发雷霆:"你怎么把我的城堡都拆了,我讨厌你!我讨厌你!"说着,小雅像一头小牛犊一样,用头顶着妈妈的肚子。妈妈火冒三丈,狠狠批评了小雅一通,但是并没有起到良好的效果。

爸爸见状问小雅:"小雅,你觉得垃圾桶脏不脏?"小雅对爸爸的提问莫名其妙,还是乖乖回答:"脏!"爸爸又问:"那么,你愿意住在垃圾桶里吗?"小雅赶紧摇摇头。爸爸说:"咱们家里幸亏妈妈打扫卫生,不然也会变得和垃圾桶一样脏,那些玩具上都是细菌,小雅就不能玩了。床上也会乱糟糟的,连睡觉都没地方睡了。"小雅陷入沉思,似乎觉得爸爸说得有些道理。爸爸又问:"小雅,你很喜欢城堡,对不对?"小雅继续点头。爸爸说:"但是城堡不能建在垃圾堆上,对吗?现在妈妈把家里打扫干净了,你可以重新建造一座城堡,好吗?"小雅这才破涕为笑,问:"爸爸,你可以帮我吗?"爸爸很乐意和小雅一起建造城堡。城堡建好之后,小雅笑道:"太好了,这个城堡比之前的更好。"

很多孩子的脾气不好,是因为他们没有能力承受不如意,而只希望人生是一帆风顺的。然而,父母应该很清楚,没有任何人的人生会是一帆风顺的,即使孩子现在在父母的照顾下生活得简单快乐,未来总有一天他们需要独立面对这个世界。所以明智的父母不会无限度地满足孩子所有的要求，而是会在时机允许的情况下，让孩子感受到不如意，也让孩子学会接受有瑕疵的现实。如此循序渐进地引导孩子，父母才能帮助孩子疏通情绪通道，也让孩子的坏情绪渐渐消除。

坏脾气的孩子往往人缘很差，这是因为没有小朋友愿意和他们玩。即使等到长大成人，他们如果情绪没有改变，也依然会面临人际交往的困境。因而父母一定要重视孩子的情绪问题，积极地对孩子的坏情绪展开干预和疏导，也为孩子约法三章，让孩子理性接受很多无法改变的事情，学会调整心情。当孩子的情绪在一瞬间激烈爆发的时候，父母还可以有意识地转移孩子的注意力，帮助孩子暂时把关注点从糟糕的事情上转移走，等到情绪相对平静，再来理性地解决问题。此外，为孩子提供发泄情绪的渠道，也不失为一种好办法，有益于孩子的身心健康。诸如，父母可以带着孩子去远足，陪着孩子进行体育运动，或者给孩子提供一个独立的房间喊叫、怒吼。情绪就像流水，始终停留，就会变得腐败。唯有让情绪流动起来，才能保持新鲜，也才不至于衍生出更多的糟糕问题。

适当给自负的孩子泼冷水

每个人都是这个世界上独立的生命个体，包括孩子，虽然因着父母来到这个世界上，但是他们并不是父母的附属品，也不是父母的私有物，所以，尽管孩子出生之后在一段时间内需要完全依赖父母的照顾生存下来，但是随着不断地成长，自我意识越来越强，孩子必然走向独立。正如台湾作家龙应台说的，父母子女一场，原来是渐行渐远。这句话尽管带着深深

的凄凉，却表现出亲子关系的本质，那就是孩子早晚会长大，终究要离开父母，独自去生活。

父母对于孩子，不仅仅要欣赏，更要怀着理智的态度，客观认知和中肯评价孩子。每个孩子的脾气秉性都是不同的，有的孩子性格内向、郁郁寡欢，有的孩子性格外向、积极阳光。父母尽管是孩子最亲近的人，也许会对孩子小时候的吃喝拉撒都了然于胸，但是随着孩子渐渐成长，父母会越来越不了解孩子。因而父母要想更好地教育孩子、引导孩子，就要先了解孩子，从而才能给予孩子更好的教育。

当然，在了解孩子之后，针对不同性格的孩子，父母也要采取不同的策略对待孩子。例如有的孩子非常自卑，父母就要多多鼓励他们，激发起他们的信心，让他们意气风发努力成长；有的孩子非常骄傲，总是自以为是，父母就要适当地打击孩子，帮助他们恢复理智，从而让他们有更清醒的头脑。常言道，知子莫若父，如今看来，并非全部如此。父母要更加用心对待孩子，更加耐心观察孩子，才能给孩子适度的爱，以最好的方式助力孩子成长。

在期中考试中，乐乐取得了很好的成绩。为此，他沾沾自喜地把成绩单拿回家给爸爸妈妈看。果然，妈妈看到成绩也喜上眉梢，当即对乐乐说："今晚吃牛排，奖励你这个小馋猫。"乐乐一听说有牛排可吃，更高兴了，口中念念有词："嗯，考得好就该有奖励。"

晚饭的时候，乐乐问爸爸："爸爸，我考得这么好，妈妈奖励牛排，你奖励什么呀？"听到乐乐的话，爸爸情不自禁皱起眉头，说："哦，你想要奖励啊！不过，你是班级第一，还是年级第一呢？"乐乐说："班级第一。"爸爸沉吟着说："班级第一不算什么，要是你在期末考试中获得年级第一，我就带你去游乐场玩，怎么样？"听说可以去游乐场玩，乐乐更加兴奋，当即夸下海口："可以啊，游乐场我玩定了。"在接下来的学习中，乐乐的确非常努力，也把成绩提高了一个档次。然而，结果使人遗憾，乐乐以一分之差屈就年级第二名。

乐乐回到家的时候满脸沮丧，爸爸得知乐乐考取了年级第二，反而很高兴，因为爸爸的目的就是给乐乐泼冷水，让乐乐知道人外有人、天外有天的道理。爸爸很清楚，孩子的成长过于顺利，绝对不是好事情。为此，爸爸语重心长对乐乐说："乐乐，是不是觉得强手如林呢？你在进步，别人也在进步，所以要想赶超别人，就必须加倍努力，知道吗？而且，考试成绩受到很多因素的影响，因而在考试的时候即使全力以赴，也未必能够取得想要的成绩。但只要你拼尽全力，爸爸不会责怪你。所以，取得好成绩，不要骄傲；成绩欠佳，不要气馁，继续努力，好不好？"乐乐羞愧地点点头，说："我会继续努力的。"

看着这个曾经夸下海口说自己玩定游乐场的儿子，这一刻有些沮丧和失落，爸爸尽管心疼，却暗暗告诉乐乐：孩子，你该长大了。后来，爸爸还是找机会趁着暑假带着乐乐去了游乐场。经历了这次失意，乐乐知道了人外有人、天外有天，也知道了自己只能努力，却未必能够决定结果。

在考取好成绩之后，乐乐无疑是沾沾自喜的，也因为轻而易举获得成功，所以大有一马平川的架势。幸好爸爸头脑清醒，知道一时的成功并不意味着什么，因而及时给乐乐制订更高的目标，也在乐乐没有达到目标之际趁机对乐乐进行挫折教育，让乐乐曾经因为喜悦而骄傲、膨胀的心渐渐地落实。

如今，太多的孩子都成长得过于顺遂，所以他们内心脆弱，经受不起任何打击。明智的父母在发现孩子有自我膨胀的倾向后，会抓住机会对

孩子进行挫折教育，一则让孩子接受生命的磨难；二则让孩子意识到人外有人、天外有天，从而避免孩子盲目自信。此外还需要注意的是，如今提倡赏识教育，很多父母动辄就表扬孩子，而当孩子犯错误的时候，又因为害怕伤害孩子脆弱的自尊心，而对孩子过度保护和呵护。作为父母，要相信孩子有能力承受，既不要过分表扬孩子，也不要隐藏对孩子的批评。要让孩子知道，只有真正为他好的父母，才愿意为他指出错误，也只有真正期望他成长的父母，才会苦口婆心劝说他坚持不懈地努力，提升和完善自己。孩子总要长大，不可能在父母为他营造的桃源世界里成长。与其等到孩子不得不面对，再让他们接受这个残酷的世界，不如未雨绸缪，在孩子小时候就循序渐进对孩子展开挫折教育，让孩子拥有坚韧不拔的品性和顽强不屈的毅力。

避免孩子养成偷窃的坏习惯

记得有个故事说，有个孩子小时候很喜欢偷一些不值钱、不起眼的东西，每次他拿着偷来的东西回家，妈妈总是夸赞他，说他很能干。渐渐地，孩子的偷窃行为越来越严重，从偷一根针，发展到偷一头牛，最终居然偷到银行里。孩子锒铛入狱，被判处死刑，临死前，他请求见妈妈一面。孩子泪流满面，靠近妈妈，正当所有人都以为他是要最后一次拥抱和亲吻妈妈的时候，却突然听到妈妈发出一声惨叫。原来，孩子对着妈妈的耳朵狠狠地咬了一口，孩子怨恨地对妈妈喊道："是你毁了我！"

的确，是妈妈毁了孩子，是妈妈的纵容让孩子越来越大胆，偷窃无度。在两岁之前，孩子没有物权归属的概念，所以他们常常会拿其他小朋友的玩具，将其"据为己有"。说是据为己有其实也不恰当，因为他们拿起喜欢的玩具玩一会儿，就会把玩具丢掉，又去玩其他的了。等到3岁前后，孩子自我意识不断发展，开始能够区分某个东西是自己的还是别人的。在这种情况下，孩子抢夺其他孩子的玩具，是有据为己有倾向的。当然，这是孩子身心发展的特点，与偷窃无关。

众所周知，偷窃是非常恶劣的行为，但是为何有些孩子喜欢偷窃呢？其实，孩子最初对于偷窃也许是无意识的，或者仅仅是觉得好玩。当父母非但不阻止他们的恶劣行为，反而还对他们拿回家的东西喜笑颜开，甚至鼓励他们继续不劳而获，以偷窃的方式霸占别人的东西和财物时，他们的偷窃行为就会变本加厉。还有的父母虽然意识到偷窃行为是错误的，也批评孩子，但是为了照顾面子，顾及名声，就对孩子采取包庇的态度，导致孩子的偷窃行为愈演愈烈。

孩子是很能察言观色的，当他们发现父母出于各种原因包庇他们的时候，他们就会形成错误的认知：我偷东西也没关系，爸爸妈妈会护着我，不会让我付出什么代价。当孩子渐渐长大，偷窃行为也发展到无法控制的程度，孩子的一生就会彻底毁灭。

静静和徐飞是小学同学，虽然是同班同学，但是静静的家境和徐飞相比可就差远了。静静的父母都在外地工作，因而在市区租了房子，让奶奶带着静静上学。徐飞的家就在市区，家里很有钱，住着别墅，而且父母都从事高薪工作。

因为静静家里租住的房子和徐飞家离得很近，所以静静经常在放学写完作业之后，去徐飞家里看电视。电视在徐飞爸妈的卧室里，有一天，静静和徐飞一起坐在卧室的床沿上看电视。静静一回头，发现床头放着一卷钱。有百元大钞，还有零碎的，卷成厚厚的一卷。静静怦然心动。她看着

徐飞，发现徐飞正在专心致志看电视，她又扭头看看钱。静静知道，爸爸妈妈很辛苦，却只能挣到很少的钱，所以爸爸妈妈很少给她零花钱。每次看到同学们吃面包，或者是吃冰淇淋等，静静都很眼馋。思来想去，静静把手伸向那卷钱。她的心怦怦直跳，拿到钱之后就找借口向徐飞告辞。

次日，学校里正在做操，静静看到徐飞妈妈来到学校。静静很害怕，但是她没有办法改变什么。果然，班主任老师找到静静，委婉地询问静静："静静，你昨天去徐飞家里做客了？"静静点点头。老师继续问："你在徐飞家里玩的时候，有没有看到地上掉了钱什么的？"静静摇摇头，回答："没有。"老师说："徐飞家里丢了钱，老师相信你不是那样的人。以后尽量不去同学家里玩，玩的话，最好在院子里玩，这样不容易引起误解。"静静点头。事隔多年，静静依然感谢徐飞的妈妈当时没有把这件事情闹大，而至于钱是怎么花的，静静已经记不真切了，但是静静确定那在当时是一笔巨款。如今的静静时刻教育自家的孩子要品行端正，不要做出偷窃的事情，更不能违法乱纪。

静静是幸运的，遇到了宽容的徐飞妈妈，遇到了讲究教育方式的老师，所以才能躲过这一劫。如果当时这件事情被放大，那么静静很有可能不得不转学，说不定整个人生都会受到严重的影响。痛定思痛，静静也意识到必须杜绝孩子的偷窃行为和不良习惯，因而作为妈妈的她，对于孩子要求严格，绝不姑息孩子任何的偷窃行为。

每个孩子在成长的过程中都会走很多弯路，静静的错误与父母不能陪伴在她身边、奶奶疏于管教，也有很大的关系。所谓一失足成千古恨，告诉我们很多时候人生的巨大转折并不是出现在重要的危急时刻，而往往是一转念导致的。在发现孩子有偷窃行为之后，父母一定要第一时间就严肃批评孩子，让孩子意识到偷窃行为带来的严重影响。其次，父母也不要将孩子一棒子打死，因为孩子年纪小，容易冲动，也许只是因为一时面对诱惑无法控制自己导致犯下错误。父母处理孩子偷窃行为固然要态度明确，但也要讲究方式方法，这样才能既对孩子表明态度，坚决禁止孩子再犯同样的错误，也给孩子机会，让孩子有时间自我反省，有机会改正错误。需要注意的是，当孩子处于青春期的时候，父母一定要掌握批评的艺术，不要对孩子声色俱厉，或者凶狠地打骂孩子，否则一旦激发起孩子的逆反心理，就会导致教育的效果大打折扣，也会给亲子关系带来致命的伤害。任何时候，父母的爱与包容，都是孩子最好的良药。

耐心引导，帮助孩子改掉粗心的毛病

在走入校园之前，如今的小皇帝小公主们一直在接受父母和爷爷奶奶、姥姥姥爷无微不至的照顾，因而在走入校园之后，他们突然之间要对自己的学习生活负责，难免会因为要顾及的事情太多，而粗心大意、丢三落四。为了让孩子更加认真细心，把每件事情都做好，很多父母都抓耳挠腮，绞尽脑汁。然而，父母尽管已经急得火上墙了，孩子却依然故我。对于孩子的"健忘"，到底应该怎么办呢？

从心理学的角度而言，让孩子学会对自己的行为负责，承担起后果，这是最重要的解决原则。一切的解决办法，都应该以这个原则为指导，才能起到良好的效果。否则，所谓的越俎代庖，所谓的打骂和训斥，都收效甚微。很多父母发现孩子粗心和拖拉的时候，总是批评和训斥孩子，而忽略了父母的教育对于孩子起到的负面影响和作用。很多孩子之所以万事不操心，是因为他们习惯了接受父母无微不至的照顾，当父母做得更少，引

导更多，孩子在做事情方面也会更加周全。

伴随着预备铃声的响起，小雨下了妈妈的电动车，赶紧飞速冲进学校，跑向教室。然而，才跑了没几步远，小雨就掉头朝着妈妈冲过来。妈妈很纳闷："这孩子，是不是傻了，怎么跑着跑着又回头了呢？"小雨气喘吁吁来到妈妈面前，对妈妈说："妈妈，我的铅笔盒忘记带了，这可怎么办呢？"看着小雨紧张的样子，妈妈感到很心疼，毕竟小雨才6岁。但是这已经是小雨在开学一个月的时间里，第五次忘记带铅笔盒了，妈妈也很无语。

妈妈对小雨说："你先去教室吧，现在是早读课，如果需要用笔，你和同学借用一下。妈妈现在就回家帮你拿，马上送过来。"在妈妈的安排下，小雨又朝着教室跑去。妈妈也赶紧向领导请假："领导，我还得回家帮闺女拿铅笔盒，晚半个小时到单位，对不住啊！"领导也无奈地笑了。急急忙忙把铅笔盒送给小雨，妈妈又第一时间赶到单位上班。看着妈妈如同百米冲刺一样满头大汗，领导出主意："要不，你以后晚上帮孩子检查下书包。"领导话音刚落，就有一个同事说："不行，这不是个好主意。如果妈妈每次都帮着孩子整理书包，最终，孩子就会形成依赖的坏习惯，说不定到初中也不会自己整理书包呢，只会导致丢三落四的毛病更严重。我建议你为孩子列一张单子，把每天必须带的东西写上，贴在孩子书桌上，提醒孩子每天晚上根据单子整理和检查书包。"

妈妈觉得同事的这个办法很好，因而当即采纳。果然，妈妈只提醒小雨检查书包，而且约定不再给小雨送落下的东西，为此小雨每天都很认真地对着单子整理书包。渐渐地，小雨再也不丢三落四了。

很多父母因为孩子丢三落四现象太严重，甚至怀疑孩子的脑子是否出了问题。就像事例中小雨的妈妈，也因为小雨总是遗落各种学习用具而苦恼。为此，领导建议妈妈帮助小雨收拾书包，同事警告妈妈千万不要代替孩子去做，实际上都是在集思广益为妈妈出主意。最终，妈妈采纳同事的合理建议，取得了很好的效果。其实，同事说得很对，如果妈妈每次帮着孩子整理书包，最终，孩子就会形成依赖的坏习惯，说不定到初中也不会自己整理书包呢。由此可见，爸爸妈妈可以引导和提醒孩子做事，而不要代替孩子做事，只有这样才能帮助孩子渐渐地进步。

此外，很多父母因为心软，总是给孩子粗心大意的行为买单。事例中，妈妈在听到小雨说忘记带铅笔盒之后，马上就答应回家帮小雨取回铅笔盒。这样一来，小雨丢三落四的行为实际上是由妈妈负责的，小雨并没有对自己的行为负责，也因此不能切身感受到粗心带来的后果。这样一来，小雨如何还能引以为戒，避免同样的情况再次发生呢？要想帮助孩子养成良好的行为习惯，父母就要循循善诱，引导孩子不断进步。记住，不要代替孩子去做事情，唯有让孩子亲自去做，孩子才能持续进步。

不催促，引导孩子提高效率

如今，很多父母都发现孩子非常磨蹭，不管做什么事情都尽力把事情最大限度拖延，而不会在第一时间里就把事情做好。正因为如此，父母和孩子之间的拖延大战也正式拉开序幕，父母在看到孩子磨蹭的第一时间就会提醒孩子加快速度。然而，偏偏事与愿违，父母会发现自己越催促，孩子越拖延，几乎到了无以复加的地步。为此，父母只能把孩子磨蹭的原因归咎于自己身上：都怪我不会教育孩子，才培养出这样一个磨蹭大王。

不得不说，父母在发现孩子的成长出现问题的时候，把原因归咎于自

己身上，是值得赞许的，毕竟父母是孩子的第一任老师，孩子是父母的镜子。明智的父母当然会在镜子里的自己出现问题的时候，首先反省自己。然而，孩子磨蹭还真不是天生的，与父母的教育虽然存在一定的联系，却并非父母教育的必然结果。很多孩子不知不觉间就染上了拖延的毛病，尽管他们的父母都是雷厉风行、精明干练的人，也从未给过他们任何拖延的效仿机会。但孩子就是拖延，这让父母非常烦恼，郁闷不已。

悦悦在各个方面都表现非常好，唯独非常拖延，这让爸爸妈妈很郁闷。每天晚上做作业，其他同学两个小时之内肯定做完，有些动作迅速的同学一个半小时就能做完，但是悦悦总是要三四个小时才能写完，常常把时间拖延到很晚。次日清晨，悦悦又因为头一天晚上睡得晚，导致起不来床，上学经常迟到。为此，爸爸妈妈不知道想出多少办法来激励悦悦动作迅速，却收效甚微。

后来，爸爸妈妈意识到一个奇怪的现象，那就是悦悦尽管平日里写作业拖延，但是在考试做试卷的时候，从来没有因为拖延而导致无法完成试卷，询问老师悦悦在学校里的表现，老师也总是说很好，这到底是为什么呢？思来想去，爸爸妈妈找到原因，原来悦悦平日里在家中拖延，是因为没有形成良好的时间观念，也没有受到时间的限制。爸爸妈妈决定从培养悦悦的时间观念入手，让悦悦养成遵守时间的好习惯。为了控制悦悦刷牙洗脸的时间，妈妈准备了一个沙漏，沙漏漏光一次的时间是5分钟，妈妈要求悦悦刷牙用一次沙漏，然后洗脸、擦护肤品用一次沙漏，上厕所小便用半次沙漏，如果大便则可以用两次沙漏。悦悦觉得沙漏很有趣，因而觉得新鲜，每天刷牙洗脸都看着沙漏。在对沙漏失去兴趣之前，她已经有效地提升了速度，从而能够控制好时间。看到沙漏的效果很好，妈妈还在餐桌旁也准备一个沙漏，让悦悦把吃饭时间控制在两个沙漏，也就是10分钟内；还在悦悦床头也准备了一个沙漏，从而让悦悦把穿衣服的时间控制在一个沙漏。就这样，渐渐地，悦悦从起床到出门，控制在半个小时之内。后来，悦悦还主动向妈妈提出带着沙漏去上学，也就把去往学校的通行时间控制好。就这样，悦悦的动作越来越迅速，拖延的坏习惯彻底戒除。

除了给孩子准备沙漏之外，还可以给孩子多准备几个闹钟，从而让孩子在家里的每个地方都随时随地能够看到时间，产生紧迫的时间意识，也更好地珍惜时间。这样一来，就避免了父母以各种各样带着情绪的话语提醒孩子，也避免亲子关系紧张和恶化。

都说父母是孩子的第一任老师，为了避免孩子拖延，父母还要以身作则，给孩子树立积极的榜样，从而帮助孩子加快速度，提升做事情的效率。需要注意的是，当孩子卓有成效改掉拖延的坏毛病，提升速度之后，父母还要给予孩子适当的奖励，从而使孩子受到激励，更加充满动力地与拖延作战。当然，孩子迅速、高效的行为习惯，并非一日之间就能养成的。父母一定要在日常生活中注意培养孩子迅速处理事情的能力，渐渐地，孩子才会顺理成章地把事情做得又快又好，也才会养成高效率、珍惜时间的好习惯。

第6章
做善言温暖的父母，不说伤孩子心的话

沟通，是心与心之间的桥梁，只有沟通顺畅，人与人之间才能让心贴近，产生共鸣。哪怕是亲如父母与子女，也同样需要沟通，才能加深了解、相互理解。然而，现实生活中，亲子沟通对于很多父母来说已经成为难题，他们不知道如何与孩子沟通，也常常在试图与孩子沟通之后陷入困境，导致自己非常被动。在孩子小时候，父母实际上在亲子沟通中承担着主导者的角色，那么就要言语宽和，才能以温情和爱意打动孩子的心。

合格的父母从不挖苦讽刺孩子

当发现孩子不能完全达到自己的期望，甚至与自己所期望的相差甚远，很多父母就会忍不住讽刺孩子，甚至对孩子冷嘲热讽，极尽语言的残酷和冷漠。父母误以为孩子还小，不能听懂父母的讽刺，或者误以为孩子没有自尊心，只会从冷嘲热讽之中得到激励，却不知道孩子尽管小，感觉却很敏锐，感情也很细腻，父母的讽刺与挖苦，只会让孩子的心灵受到深深的伤害，只会让孩子产生自暴自弃、自我放逐的决绝。

合格的父母从不挖苦讽刺孩子，哪怕孩子做的达不到他们的预期，哪怕孩子的思想与他们的期望相差甚远，哪怕孩子真的不够优秀，才总是落后于人。如果父母都不能发自内心地欣赏孩子，孩子又要如何自处呢？固然每个父母都是望子成龙、望女成凤的，但是每个孩子的天赋截然不同，每个孩子的优点和缺点也不尽相同，所以作为父母既要欣赏孩子的长处和优点，也要接纳孩子的短处和不足。唯有发自内心接受孩子、悦纳孩子，父母才能做到心平气和对待孩子，也给予孩子真正的鼓励和帮助。

常言道，希望越大，失望越大。难道因此就要求父母必须对孩子降低希望吗？当然不是。作为父母要想避免对孩子大失所望，就要客观认知和评价孩子，也给予孩子适度的期望，从而才能以最佳力度激励孩子不断进步。否则，如果期望过高，希望过大，父母就会在感到失望之余口不择言对待孩子，也会导致孩子的性格软弱怯懦，不能卓有成效地提升和完善

自我。在父母长期的否定和挖苦讽刺之中,孩子还会因此而自信心受到伤害,甚至是严重摧残,导致再也无法鼓起勇气、信心百倍地面对人生。

乔敏在低年级的时候学习成绩还好,然而自从进入三年级,学习难度加大,学习任务繁重,她很快就与同学们拉开距离,变成了不折不扣的后进生。曾经以为乔敏聪慧能干的妈妈,在开家长会的时候被老师点名批评之后,火冒三丈地回到家里,对着乔敏一通发泄:"你是笨蛋吗?你是废物吗?还是你没长脑子啊?你看看你的数学试卷,每一道题目,都是因为粗心做错,还是因为不会做?我告诉你,粗心不值得原谅,不会做更是要接受严厉的惩罚。为什么别人都会做,偏偏你不会做?难道你没上课吗?还是老师没有教你呢?"妈妈的话就像一根根钢针一样,刺入乔敏敏感细腻的心中,乔敏的眼泪簌簌而下,根本无法控制自己。她伤心极了,整个晚上都在哭泣。

后来,乔敏虽然很努力,却无法卓有成效提升自己的成绩。她很喜欢唱歌,在从妈妈的批评中走出来之后,她又每天哼着歌,高高兴兴上学去。有一天,乔敏正哼着歌儿准备去上学,爸爸突然厌烦地说:"学习不好,还好意思唱歌?唱得跟乌鸦叫一样。"乔敏听到爸爸的话,从此之后再也不唱歌了。那个曾经单纯快乐的乔敏不见了,取而代之的是一个郁郁寡欢的乔敏。

原本,乔敏尽管学习成绩不理想,但却是一个充满自信、简单快乐的孩子。现在,乔敏因为妈妈的冷嘲热讽和带有侮辱性的话以及爸爸无情的打击,变得越来越郁闷,也最终失去信心,无法继续坦然地面对人生。毫无疑问,乔敏爸爸妈妈的做法都是错误的。对于乔敏而言,也许成绩不好是一个遗憾,但并不是影响她人生的恶劣事件,况且乔敏才升入小学三年级,未来的路还长着呢,谁也不能说她不擅长学习。后来,爸爸看到乔敏心情大好地唱歌，还对乔敏挖苦讽刺，导致乔敏彻底失去信心，也远离快乐。

每个孩子都处于快速的成长之中，作为父母，一定要多多支持孩子，经常鼓励孩子，才能让孩子在遭遇坎坷挫折的时候，最大限度给予孩子更好的陪伴。尤其需要注意的是，父母的打击对于孩子而言往往是致命的，因为孩子总是无条件信任父母，发自内心地接纳父母。所以父母在评价孩子的时候，一定要谨言慎行，努力反思自己，而不要总是对孩子恶言恶语，肆意伤害孩子的心灵。

父母要记住，孩子的心灵非常脆弱，孩子的感情敏感细腻。父母尽管是生养孩子的人，也是照顾和教育孩子的人，但是父母却不要对孩子颐指气使，而是要发自内心地尊重和接纳孩子，从而保护孩子的自信心，为孩子保驾护航，让孩子在人生的道路上扬帆远航。

过高的期望让孩子沮丧绝望

大多数父母在与孩子沟通的时候，一想到自己对孩子无私的付出，再想到孩子总是让父母失望，就忍不住感慨："孩子，你是全家的希望，爸爸妈妈把所有梦想都寄托在你的身上，你可要努力啊！"父母在说出这番话的时候，本意是让孩子更加努力，坚定不移地朝着梦想前进，实际上，却导致孩子无比沉重，也因为身上肩负的责任和担子而倍感沮丧。

从父母的角度而言，望子成龙、望女成凤固然是人之常情，但是当父母过度要求孩子，则必然导致孩子感到肩膀上压着沉甸甸的担子。此外，当父母期望过高，孩子觉得自己哪怕拼尽全力也无法实现，便会颓然地放

弃，反而不做任何努力，导致结果不尽如人意。因而明智的父母不会只是一厢情愿地从自己的角度出发考虑问题，对孩子提出希望和憧憬，而是会从孩子的角度出发，客观认知和评价孩子，从而对孩子提出适度的期望。让孩子跳一跳就能够得着，恰恰是激励孩子努力奋进的适度期望。

小鱼儿出生在一个普通的工人家庭，他的爸爸是工人，他的妈妈是家庭妇女。可想而知，仅仅依靠爸爸一个人的工作收入养活一家三口，小鱼儿家里的生活是捉襟见肘的。为了改变整个家庭的命运，父母把所有的期望都寄托在小鱼儿身上，妈妈更是省吃俭用，给小鱼儿报名参加了八九个课外补习班、培训班。不但爸爸妈妈因此感觉在经济上压力山大，小鱼儿在学习上也感到非常吃力。

每到周末，当其他孩子都在尽情地享受周末的轻松时，小鱼儿却坐在妈妈的电动车上，开始紧张地赶场。他的大多数课外班都在周末，为此他早晨6点钟就要起床，7点半就要开始上第一节课，在一天的时间里，他要辗转在3家培训机构上4门课程，直到晚上9点钟，才能结束这一天的紧张学习。所以其他孩子盼着周末，小鱼儿却惧怕周末，因为周末的他比平日里紧张忙碌得多。

在如此高强度的学习之下，小鱼儿出现了行为异常，他总是情不自禁地使劲眨巴眼睛，还会控制不住自己地耸肩。一开始，妈妈以为小鱼儿是在故意闹着玩，直到小鱼儿的异常表现变得越来越严重，妈妈才着急起来，赶紧带着小鱼儿看医生。医生的诊断发现，小鱼儿患上严重的神经性失调。听说小鱼儿要上那么多课程，医生语重心长对妈妈说："赶快给孩子减压，任何事情都比不上孩子的身心健康更重要！"

父母要知道，孩子还很稚嫩，虽然处于学习的黄金时期，但是孩子不是鸭子，更不需要父母进行填鸭式教学。孩子天性爱自由，唯有在自由的状态下，孩子才能激发出生命的潜能，在生活和学习中有更好的表现。作为父母，一定不要以过高的期望压迫孩子，也不要对孩子采取揠苗助长的策略。父母唯有给孩子合理定位，才能有效引导和启发孩子，也才能让孩子把适度的压力转化为学习的动力。

每个人在社会生活中都扮演着不同的角色，作为父母，尽管对孩子期望很高，却不要盲目拔高孩子。唯有对孩子合理定位，才能适度期望孩子。此外还需要注意的是，很多父母都会以自身的付出强迫孩子努力。实际上，在这样的外部动机之下，孩子很难全力以赴。父母要知道，父母对于孩子的付出应该是心甘情愿的，如果父母总是以自身的付出为由，让孩子迎合父母的期望，则孩子一定会感到压力山大，甚至因为被逼迫而产生逆反心理，导致事与愿违。

细心的父母会发现，对于一棵小树苗，是不能给其太大压力的，否则就会导致小树苗弯曲，无法真正成材。孩子正如小树苗，父母对于孩子应该采取扶正的策略，而不是让孩子因为压力而扭曲生长，或者彻底被压断。现代社会讲究可持续性发展，父母对于孩子的引导和教育以及开发，也要采取可持续发展的策略，从而才能保证孩子在和谐民主的家庭氛围中茁壮成长。

孩子不是用来比较的

当父母把孩子与其他孩子进行横向比较，换来的往往是孩子的愤怒和抵触，甚至还有抗拒。为何孩子不愿意被父母拿来和其他孩子比较呢？虽然孩子是出于自尊的本能才不愿意接受父母的做法，但是从心理学的角

度而言，这样的比较是完全不符合孩子身心发展规律的，也是对孩子很不公平的。每个孩子的成长过程都不是孤立的，而是要依托家庭环境，依靠父母的教育，还受到先天因素的影响。孩子的成长背景有着天壤之别。例如，有的孩子出生在偏僻的农村，父母都是面朝黄土背朝天的农民，而且一辈子没有走出去过农村。有的孩子出生在繁华的大都市，父母都是高级知识分子，甚至是科学家、艺术家，走南闯北不说，还在全世界范围内旅游，开阔眼界。如果把这样的两个孩子放在一起比较，有可比性吗？也许农民的孩子在不断努力的过程中，也能创造出充实精彩的人生，但是在小时候，他们之间的差距就是由家庭环境的不同和父母之间的差异决定的。

看到这里，也许有些父母会说：我们从未对孩子进行过这样不平衡的比较。的确，父母也许没有对孩子进行这样极端的比较，但是他们还是会把孩子与其他的同龄人比较，这同样是不公平。每个家庭都有每个家庭的情况，父母的巨大差异更是导致孩子的成长环境截然不同。把孩子和其他孩子比较，只会引起孩子的不满和叛逆，明智的父母知道，要把孩子从横向比较中摆脱出来，从而对孩子进行纵向比较。对于孩子的成长而言，纵向比较当然是更加合理的。所谓纵向比较，就是比较今日的孩子和昨日的孩子，看看孩子是否有进步。这样一来，孩子比较的对象变成了曾经的自己，点点滴滴的进步都会被父母看在眼里。从父母的角度而言，也可以通过密切观察孩子，及时发现孩子的点滴进步，认可孩子的小小成功，这样才能第一时间就给予孩子赞扬和激励，从而保证孩子更加积极主动成长。

如果说横向比较会让孩子失去信心，变得压力山大，甚至灰心丧气，那么纵向比较则有利于孩子保持进步、持续进取，还能够帮助孩子建立自

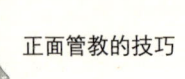

信心。在如今的家庭教育中，之所以父母与孩子之间纷争不断，就是因为孩子不堪忍受父母无休止的比较，因而对父母感到很无奈，甚至心生反感。

以前，凯奇和杰米的学习成绩相差不多，自从升入六年级之后，两人在学习方面拉开了巨大的差距。原来，为了冲刺小升初，妈妈为凯奇报名参加好几个一对一的补习班，在老师的指导下，凯奇此前在学习中感到困惑的问题全都迎刃而解，学习成绩自然也得到了突飞猛进的发展。

看到杰米被好朋友远远甩下，妈妈很着急，在一次月考之后批评杰米："杰米，你最近是怎么回事，怎么落后凯奇这么多呢？你们可是好同学、好哥们，好得穿一条裤子，到时候凯奇进了重点初中，你却不得不进入普通初中，你不觉得难为情吗？"对于妈妈的指责，杰米觉得很委屈，当即反驳妈妈："凯奇最近一直在补课，都是名师一对一，据说他妈妈一次性交了好几万块钱的补课费呢！你光让我和凯奇比，你是不是也给我找老师补一补啊，我有疑问的时候也可以问问老师。"听了杰米的话，妈妈一时无语，过了很久才说："杰米，咱家的情况你也知道，哪里有钱去交几万块的补课费啊。不过，补课是不长久的，只有凭着真本事学习好，才是值得敬佩的。只要你全力以赴，不管提升多少，妈妈都不怪你。"

在这个事例中，妈妈把杰米和凯奇比较，而且表达出对杰米学习上止步不前的抱怨，却不知道凯奇妈妈花了几万块钱的补课费，而杰米还没有额外花过家里的钱呢。妈妈意识到杰米说得也有道理，因而没有继续强求杰米赶超凯奇，而是希望杰米能够全力以赴，至于能提高多少，则并不对杰米做出硬性的规定和要求。

不可否认，这个社会上人人都不相同，每个家庭也各不相同，每个家庭里作为支柱的父母更是截然不同。要想把孩子与其他孩子进行横向比

较，就要把关于家庭教育和学习条件等有关的各种因素都统一起来，否则各个孩子之间根本没有可比性。为了避免打击孩子学习的积极性，最好的办法就是让孩子与自己进行比较，从而观察孩子是否有进步，也观察哪种学习方法对于孩子更有效。这样才能保持平常心，父母对孩子也才能心平气和。

作为父母，一定要对孩子的成长抱持客观的态度，而不要总是出于主观，而对孩子情绪冲动。如果父母都不能主动发掘孩子的优点，尽力激励孩子成长，孩子又从哪里找到信心呢？因而明智的父母既要关注孩子与其他孩子的差距，也要更加关注孩子与自己相比的进步，从而对孩子提出适度的要求和期望，也以恰到好处的方式激励孩子持续成长和进步。

就事论事，不要全盘否定孩子

曾经有心理学家指出，人在愤怒的情况下智商为零，往往因为情绪失控而歇斯底里，做出出格的举动，说出过分的话。由此可见，愤怒的情绪是非常可怕的，如果控制不好，人们就会因此承受严重的后果，也被愤怒驱使着做出过激的举动。

每个父母都自诩是这个世界上最爱孩子的人，的确如此，父母对孩子的爱毋庸置疑。但遗憾的是，很多父母根本不知道如何对待孩子，也常常会在与孩子相处的过程中，因口不择言伤害孩子。孩子的心灵很脆弱，承受能力也有限，如果父母不能承担起教育和引导孩子的重任，就会导致孩子在成长的过程中遭遇困境，无法自拔。不得不说，现代社会生存压力大，很多父母对于孩子的教育也不免急迫起来，变得越来越急功近利。看到孩子身体孱弱，父母恨不得把所有的好菜好饭都倒入孩子的肚子里；看到孩子学习成绩落后，父母恨不得代替孩子去学，让孩子马上就能得以提高；看到孩子品质恶劣，父母又希望孩子成为道德品质高尚的人……总而言之，父母希望有一个完美的孩子，希望孩子的各个方面都能令父母满意。现实情况却是，孩子的身心发展都处于较低的水平，孩子的成长更是一个漫长的过程。父母固然可以期望孩子有好的成长与长足的进步，却不要总是对孩子声色俱厉，更不要逼迫孩子按照父母的意志和想法去为人处世。

当父母因为急躁而对孩子失去耐心的时候，当父母被愤怒冲昏头脑对孩子口不择言的时候，一定没有看到孩子落寞的神色和受伤的眼神。父母的爱与支持，是孩子成长的沃土，如果父母对于孩子总是否定和批评，总是厌烦和背叛，则孩子就会感到很无助，甚至因为父母的背弃而自暴自弃。在批评孩子的时候，首先，父母不但要讲究批评的艺术，可以委婉进行，或者给批评的话裹上糖衣，而且要讲究批评的原则，诸如该批评孩子的时候不要藏着掖着，而要及时为孩子指出错误。其次，在批评孩子的时候要就事论事，不要对孩子全盘打击和否定。每个人都有自己的优点和缺点，也有自己的长处和不足。作为父母，不要因为孩子有某些缺点就肆无忌惮打击和否定孩子，要始终牢记批评的目的是希望孩子更好，不是让孩子失去自信，陷入自卑，变得颓废沮丧，甚至对生活失去信心。最后，在批评孩子的时候，在阐述清楚自己的意见、观点和态度，表达对孩子的批评和否定之后，要及时停止，而不要总是对孩子喋喋不休，否则反而会激发起孩子的逆反心理，让批评起到完全相反的作用。

一段时间以来，每天下午放学之后，瑞瑞总是以在学校里写作业为由，逗留在学校里，不愿意回到家里。对于瑞瑞的表现，妈妈感到很无

奈，不知道问题出在哪里。妈妈也很委屈，因为她真的是全心全意对瑞瑞好。

有一天，放学的时候还没有下雨，因为在学校里写作业耽误了一些时间，瑞瑞回家的时候下雨了，淋得就像落汤鸡一样。妈妈又着急又心疼，拿着毛巾边帮助瑞瑞擦头发边喋喋不休："看看你，总是这样不让人省心。明明看到天气要下雨，还不赶紧回家，还在外面逗留，这下子好了，万一被雨淋得感冒，看你怎么办！你要是去医院输液可别哭，别跟个娘们似的哭哭啼啼，还不够丢人的呢。你要知道，你可是男子汉，未来是要支撑起整个家的，你什么时候看到爸爸和你一样哭哭唧唧的了呢？……"妈妈的话还没说完，瑞瑞就抢过毛巾，拿着毛巾躲到卧室里自己擦水了。

虽然只是短短时间里发生的事情，但是从妈妈喋喋不休的唠叨里不难看出瑞瑞为何不愿意回家。原本，瑞瑞只是因为在学校里写作业回家晚，导致淋雨，没想到妈妈却为此对瑞瑞喋喋不休，不停地唠叨。本来，妈妈可以以此为契机鼓励瑞瑞，却反而批评瑞瑞。批评瑞瑞没有赶在下雨前回家也就罢了，还由此生发开去，说到瑞瑞去医院输液因为怕疼而哭的事情，又说瑞瑞像个娘们一样，不像个爷们。就这样，瑞瑞无法忍受，也不想和妈妈之间产生冲突，所以就躲进自己的卧室。

毋庸置疑，妈妈的确是为了瑞瑞好，所以才苦口婆心劝说瑞瑞。但是妈妈打着爱的名义和旗号，不停地唠叨瑞瑞、否定瑞瑞，因一件小事就对瑞瑞进行全盘否定和攻击，这当然会让瑞瑞无法接受，感到痛苦。假如妈妈能够尊重瑞瑞，给予瑞瑞更好的理解和更多的尊重，从而多多鼓励瑞瑞，而不是借机打击瑞瑞，相信瑞瑞就会更乐于与妈妈沟通和交流。

常言道，一句话能够说得人笑，一句话也能说得人跳。作为父母，在批评孩子的时候除了要讲究艺术，还要讲究原则。切记，父母即使再愤

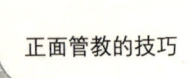

怒，也要保持理智，不要肆无忌惮伤害孩子。父母要保护孩子脆弱而又敏感的自尊心，才能让孩子有尊严地快乐成长。此外，对于孩子所犯的错误，或者不能让父母感到满意的地方，父母要认识到，孩子不是故意把事情搞砸的，而是因为他们能力有限、经验不足，在这种情况下，父母要多多理解和体谅孩子，也要给予孩子更多的鼓励和支持，才能帮助孩子渡过困境，坚持成长。

打开心扉，真诚与孩子交流

不得不说，作为现代人，生存的压力实在太大。每一对父母在照顾家庭、抚育孩子的同时，都要拼尽全力去工作，这样才能保证孩子的物质生活条件，也才能让家庭生活有充足的资金支持，顺利进行下去。要平衡好工作、生活与孩子教育之间的关系，显然很困难，即便如此，既然为人父母，就要拼尽全力、极尽可能把每件事情都做好，与此同时处理好各件事情之间关系。

很多父母不但白天要在公司里工作，下班回到家里照顾好孩子的吃喝拉撒之后，还要继续工作。当父母忙碌的时候，孩子偏偏想和父母一起玩，又该怎么办呢？每当这时，如果父母着急完成手里的工作，往往会厌烦地打发孩子："一边玩去，没见妈妈忙着呢！"听到这句话，年幼的孩子也许会生气地哭起来，因为他们想与父母亲近的愿望没有实现，想与父母沟通的需求也没有得到满足。年纪稍微大点儿的孩子，感情上依然想与父母亲近，理智上告诉自己父母正在工作，也就落落寡欢地离开了。不得不说，这样的父母一定不知道，真诚地交流对于孩子意味着什么。哪怕父

母赚取很多钱，给予孩子丰厚的物质条件和经济支持，但是如果不能做到陪伴孩子，更不能以真诚的沟通亲近孩子的心灵，则孩子一定会感到非常寂寞，也会因为感情的空虚导致心理上出现很多问题。

父母轻轻松松的拒绝，无法让孩子真的闭嘴，即使孩子体谅父母辛苦而离开，不再打扰父母，但是他们内心深处一定对父母有着很多不满，也会因此在内心里与父母抗争。因而作为父母固然已经为孩子付出很多，也不妨为孩子付出更多：抽出时间陪伴孩子，认真倾听孩子的心声。

三年级的柔柔正在做手工课，这次的手工材料可以做成一只灯笼。柔柔从放学回家就钻进书房里，不停地忙碌着，耐心地缝缝补补，终于做好了一只红艳艳的灯笼。柔柔很高兴，赶紧把灯笼拿给爸爸看。爸爸正在工作，眼睛盯着电脑屏幕，头也不抬地说："嗯，不错不错，柔柔手很巧……"柔柔质问爸爸："爸爸，我做的是什么？"爸爸这才抬起头，看了一眼灯笼，对柔柔说："柔柔乖，赶紧去找妈妈看，爸爸等着交工作呢！"柔柔很失落，当即拿着灯笼去厨房里找妈妈。

妈妈正在汗流浃背地做饭呢，看到柔柔拿着灯笼来了，赶紧对柔柔说："柔柔，快走快走。这里都是火，万一烧着了就麻烦了。"柔柔坚持让妈妈看一看她做的灯笼，妈妈说："好啦好啦，不要在这里添乱啦，还想不想吃饭呢？！"柔柔拿着灯笼，含着眼泪离开。回到书房，柔柔生气地拿出剪刀，把灯笼都剪碎了扔进垃圾桶。吃晚饭的时候，爸爸才想起来，问柔柔："柔柔，今天的灯笼是你的作业吗？"柔柔低着头吃饭，一声不吭。爸爸觉察到柔柔的情绪异常，又逗弄柔柔："柔柔，把灯笼拿出来给爸爸看看，好不好？"柔柔的眼泪吧嗒吧嗒掉进碗里，还是不吭声。妈妈很纳闷，忙问："柔柔，你怎么了？无缘无故哭什么呢？你吃得好、穿得好，生活无忧无虑，有什么好哭的呀？！"听到妈妈的指责，柔柔更委

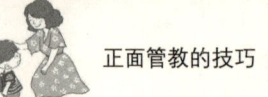

屈，她把碗重重地放到餐桌上，对着爸爸妈妈喊道："灯笼在垃圾桶里，自己看去吧！"说完，柔柔回到卧室，把门关上反锁，一晚上都没出来。

在这个事例中，柔柔脆弱的心受到伤害。她原本兴致勃勃把自己做的灯笼送给爸爸妈妈看，却没想到爸爸忙工作、妈妈忙做饭，他们连跟柔柔说句话的工夫都没有，更没有认真地看一眼柔柔辛辛苦苦做好的灯笼。在这种情况下，柔柔很生气，把灯笼剪坏，扔到垃圾桶里。这样的情形，在现实生活中经常发生，很多父母都因为忙于工作或者忙着做家务，而对孩子漠不关心。看起来，父母也有道理，毕竟父母如果不辛苦，孩子就没有好的生活。实际上，父母的冷漠和忽视伤害了孩子稚嫩的心灵，导致孩子对于父母越发疏远。当孩子真正关闭心扉，不愿意与父母交流，问题就会更加恶化。

作为父母，固然要通过努力勤奋地工作为孩子创造良好的生活条件，却也要关注孩子的心理需求和感情需求，全方位满足孩子的成长需要。否则，孩子就算生活富足，内心也将是匮乏的，成长也会留有很多遗憾。

第 7 章
别忽视言传身教的作用，父母是孩子最爱模仿的人

父母是孩子的第一任老师，从孩子出生开始，就对孩子展开言传身教。所谓身教大于言传，可见父母的言行举止，会对孩子形成巨大的影响。作为孩子最爱模仿的人，父母一定要规范自己的言行，处处给孩子树立积极的榜样，才能让孩子在成长的过程中积极、主动、向上，也才能让孩子拥有美好的未来和人生。

谨言慎行，成为孩子的好榜样

言传大于身教，很多细心的父母会发现，与其对孩子进行各种教育和引导，还不如自己切身做好相关的事情，给孩子树立好榜样。这样一来，孩子潜移默化中就会受到父母的影响，父母也可以真正做到润物细无声地教育孩子。

现实生活中，很多父母发现孩子在三四岁时出现撒谎的行为。实际上，这并非孩子故意撒谎，而是因为这个阶段的孩子由于身心特点，无法准确区分现实和想象，在混淆现实和想象的时候，他们不知不觉间就会出现撒谎的现象。相比起有意识地撒谎和恶意的谎言，孩子的这种"撒谎"是可以接受的。

然而，随着不断成长，孩子的心思越来越复杂，他们为了掩藏真相，为了逃避责任，为了哄骗父母高兴，开始有意识地撒谎。当然，孩子撒谎的原因有很多，有的时候，因为受到父母的不良影响，孩子也会撒谎。看到这里，很多父母一定觉得冤屈：我们从不撒谎，为何孩子却喜欢撒谎呢？心理学家经过研究证实，很多人都会在不知不觉中撒谎，而自己却毫无觉察。大多数成年人在一天的时间里都会数次撒谎，也会无形中给孩子带来负面影响。所以父母不要矢口否认，坚决说自己从不撒谎，而是要更加意识到撒谎的危害，从而也有的放矢端正自己的行为，尽量给孩子积极正面的榜样作用。

第 7 章　别忽视言传身教的作用，父母是孩子最爱模仿的人

周末，小艾难得没有补习课程，留在家里休息。爸爸妈妈也在家，要和小艾一起度过难忘的三口之家假日。就在全家人商量好要去游乐场玩耍时，电话铃突然响起来。爸爸神情紧张，小声嘀咕："完蛋，不会又要临时加班了吧！"看到小艾准备接电话，爸爸赶紧告诉小艾："小艾，如果是找我的，就说我和妈妈去走亲戚了。"小艾疑惑地看着爸爸，爸爸问小艾："想去游乐场吗？如果想去，就按照爸爸说的去说。"小艾点点头，接起电话。果然，电话就是找爸爸的。小艾告诉电话那头的人，说爸爸和妈妈出门了。

等到小艾挂断电话，爸爸高兴得一蹦三尺高。一家三口去了游乐场，玩得不亦乐乎。从游乐场回来，爸爸妈妈问小艾作业写完没有，小艾点点头。然而，周一一大早，妈妈就接到老师的电话，说小艾没有完成作业，让妈妈回到家里查明原因。妈妈很生气，也很失望，暗暗想道：好你个小艾，亏得我和爸爸还带你去游乐场呢，你居然没有完成作业！回到家里，妈妈劈头盖脸对着小艾一通数落，小艾也很委屈："我从游乐场回来，太累了，不想写作业。"妈妈气鼓鼓地质问："就因为这个，你就撒谎吗？"小艾不假思索地说："但是，爸爸也撒谎啊！"在一旁的爸爸赶紧为自己辩解："不可能，我从来不撒谎。"小艾说："那天去游乐场之前，你就撒谎说你和妈妈出门了。"爸爸语结，很久才说："爸爸是害怕去游乐场的计划取消，让你失望。"小艾说："那也撒谎了。"爸爸尽管和小艾解释很多，说单位里总是临时加班是不对的，但是依然不能让小艾区分清楚什么情况下可以撒谎、什么时候要诚实。这时，妈妈总结："总而言之，任何情况下都不能撒谎。否则，就会失去别人的信任，这是损失惨重的。"

在这个事例中，小艾也许一开始不想撒谎，就因为帮助爸爸撒谎，所

以她才灵机一动，也以撒谎的方式帮助自己逃避写作业的责任。随着不断地成长，孩子一定会学会撒谎，但是这绝不是父母当着孩子的面撒谎或者以谎言欺骗孩子的理由。每一对父母都要谨言慎行，为孩子树立道德的榜样，才能引导孩子健康成长，也让孩子成为一个品德高尚、言行得体的人。

要想成为孩子的榜样，让孩子更加诚实，父母就要以身作则，首先为孩子树立诚实的榜样。大多数撒谎的人都是为了逃避责任，父母还要积极主动地承担责任，从而让孩子知道唯有承担责任的人，才是值得信任和托付的。其次，当发现孩子真的撒谎时，父母也无须紧张，要意识到撒谎意味着孩子的智力水平上升了一个层次，从而做到平静对待孩子，告诉孩子撒谎的弊端，引导孩子勇敢面对真相。最后，人非圣贤，孰能无过，孩子犯错误也是正常的，在孩子承认错误之后，父母要及时肯定孩子，表扬孩子主动承认错误、承担责任，从而激励孩子做得更好。总而言之，金无足赤，人无完人，每个孩子在成长的过程中都会遇到坎坷挫折，父母要对孩子怀有宽容的态度，而孩子则要积极主动地解决问题，不要盲目逃避。作为父母，要想让孩子品行端正，首先要从自身开始做起。常言道，上梁不正下梁歪，如果父母在很多方面都做不好，又如何能够强求孩子一定要做好呢？成为孩子的榜样和偶像，应该是每个父母全力以赴的目标。

净化语言环境，让孩子远离脏话

这是文明社会，没有人愿意和满口脏话的人打交道。作为父母，在发现孩子说脏话的时候，对孩子的印象也会大打折扣。为此，很多脾气暴躁、性格急躁的父母，一听到孩子说脏话，马上就对孩子进行严厉制裁。

孩子为何会说脏话呢?有两个方面的原因:第一个原因,孩子在四五岁的时候会进入诅咒敏感期,在这个阶段,孩子敏感地觉察到脏话、诅咒的力量,也因而乐此不疲对他人发挥这种力量。第二个原因,成长环境对于孩子是否说脏话起到很大的决定性作用。如果孩子生存的环境是文明的、健康的,没有人当着孩子的面说脏话,而是都说文明礼貌用语,则孩子也会文质彬彬。反之,如果孩子生存的环境里,很多人都污言秽语,总是给孩子负面影响,渐渐地孩子也会脏话连篇。

找到孩子说脏话的原因,要想杜绝孩子说脏话的行为,父母就要从以下两个方面入手:对于诅咒敏感期的孩子,在孩子说脏话、诅咒的话,试图表现出语言的力量时,父母不要对孩子的行为做出过激反应,可以假装没有听到脏话,继续以稳定的情绪对待孩子。这样一来,孩子在说了脏话、诅咒的话之后,无法如愿以偿看到他人的暴跳如雷,渐渐地也就不会再以语言试图刺激他人。其次,当孩子是因为环境的影响而脏话连篇,父母要从净化家庭语言环境开始,也净化孩子生活的环境,渐渐地,孩子接受正面积极的引导,表现就会越来越好,语言也会变得更加纯净。

有人说,语言是心灵的外衣,由此可见说脏话的孩子一定是有心理原因的。通过净化语言,也可以反作用于孩子的心灵,让孩子心平气和地接纳这个世界。若父母不小心对孩子说了脏话,要及时向孩子道歉,也要郑重其事告诉孩子说脏话的行为是不对的。总而言之,孩子的成长受到各个方面诸多因素的影响,父母要为孩子的成长把关,也要最大限度地激发出孩子的自身潜能,从而让孩子从容面对这个世界。

有一个周末,妈妈休息,带着可乐去姥姥家里玩耍。可乐见到舅舅家里的哥哥和弟弟,非常开心,马上就和他们玩起来。然而,为了争夺一个玩具,可乐和哥哥弟弟发生争执,彼此都拉着玩具的一角,不愿意撒手。

正当僵持不下的时候，可乐突然对着哥哥弟弟狠狠地咒骂："傻X，该死！"听到可乐居然说出这么恶毒难听的话，妈妈当即被吓到了，她把可乐拉到一边，狠狠地训斥可乐。可乐被妈妈训得呜呜直哭，伤心极了。

为了从源头上解决问题，妈妈开始观察可乐的言行举止。经过一段时间的观察，妈妈发现负责带可乐的保姆奶奶，就很喜欢说脏话。当然，保姆奶奶当着妈妈是不说脏话的，只有在带着可乐一起出去玩，和其他老奶奶聊天的时候，脏话才会冒出来。就是因为无意间听到保姆奶奶骂人，可乐也学会骂人，甚至还乐此不疲。妈妈当即与保姆奶奶谈论这个问题，告诉保姆奶奶一定不要再当着可乐的面说脏话，保姆奶奶说："我没有当着可乐的面说啊，不过这丫头耳朵真尖，肯定是我在说话的时候，她边玩边听到了。放心吧，我一定会多多注意的，不给你们添麻烦。"果然，一段时间之后，可乐忘记脏话，又成了一个文明可爱的小淑女。

在这个事例中，原本乖巧可爱的可乐之所以学会说脏话，并非是因为家庭环境不健康，而是因为保姆奶奶在与别人聊天的时候，无意间说出来的脏话，就被她学到了。妈妈很清楚，如果不净化环境，可乐说脏话的行为会越发严重。所以，妈妈当即找到保姆奶奶沟通这个问题，也得到了保姆奶奶的配合。

很多孩子在初次听到脏话的时候，就能感受到脏话带来的情绪发泄的力量，尤其是在第一次说脏话的时候，看着父母震惊的样子和愤怒的情绪，孩子更是会乐此不疲，更加热衷于说脏话。因而明智的父母不会过度从正面矫正孩子说脏话的行为，而是会从净化语言环境入手，不给孩子继续学习说脏话的机会。这样一来，随着不断地成长，孩子渐渐地就会忘记说脏话，也会变得文明懂礼貌。需要注意的是，说脏话是不会遗传的，因而孩子并不是从父母那里遗传了说脏话的能力，而是后天在被脏话污染的

环境中成长，才渐渐沾染了说脏话的恶习。

有些父母对孩子说脏话不以为然，甚至在看到孩子主动说脏话之后，还会觉得有趣。殊不知，孩子虽然小，但却正处于形成习惯的关键时期。孩子的语言是否干净，往往映射出孩子的心灵，也从侧面反映出父母的修养和道德水准以及对孩子的教育水平。要想杜绝孩子说脏话，父母就要以身示范，教会孩子文明用语，也要营造良好家庭环境，让孩子在文明快乐的家庭中成长。

吃一大口，让孩子学会分享

为了让孩子学会分享，也为了帮助孩子更好地立足于社会，孩子小时候，父母就要积极地引导孩子分享，而不要总是让孩子独享，使得孩子最终凡事都要求独享。看到这里，也许有些父母会说，孩子就是自私，和父母没关系。实际上，很多孩子身上的大部分缺点和不足都与小时候所接受的父母教育有关系。假如父母更多地了解儿童心理，也在日常生活中循序渐进帮助孩子养成良好的行为习惯，孩子就不会这样自私任性。

思琪是个好闺女，小小年纪就懂得孝敬父母，为父母着想，而且不管做什么事情都会把父母的需求放在第一位。为此，大家都羡慕思琪的妈妈生出这么一个好闺女，只有思琪妈妈知道，今日的思琪是自己的耐心引导下才渐渐成长的。

和大多数独生子女一样，思琪小时候也很霸道，尤其是习惯了独享父母的爱，霸占家里的一切优质资源。家里的经济条件不好，每当有了好吃的，妈妈都留给思琪吃，只为了让思琪补充营养，长得更好。然而，随着渐渐长大，思琪有了好吃的还是一个人吃独食，从来不会考虑爸爸妈妈。妈妈发现思琪考虑问题的时候只会从自己的角度出发，也只顾着满足自己的需求。意识到这是一个不好的苗头，也想到思琪当时已经5岁，为此在家里制定规矩：任何家庭成员有好吃的，都要让其他人至少吃一口，自己才能吃。为此，家里就出现很温馨的场面，不管是爸爸妈妈还是思琪，总是拿着好吃的送给其他人吃。

每次思琪拿着好吃的来喂爸爸妈妈每个人一口，爸爸妈妈都会张大嘴巴吃一大口，而绝不是小口地吃一口，把大部分好吃的都留给思琪。有一次，奶奶正好在家，看到思琪拿着心仪已久的巧克力送给妈妈吃，妈妈居然真的张大嘴巴咬了一口，奶奶在爸爸面前嘀咕："你媳妇可真馋，孩子想吃这么久的巧克力，她上去就是一大口，险些吃掉一半。"爸爸笑起来，说："这是我家的规矩，要是我在家，思琪给我吃，我也会这么做的。"奶奶撇撇嘴，说："思琪真是个好孩子，居然没哭，没闹腾。"爸爸说："一开始看到我们吃她这么多，她也生气，但是现在习惯了，也知道有好吃的，必须先给爸爸妈妈吃。"爸爸的话才说完，就看到思琪端着一大块西瓜朝着奶奶走来，非要让奶奶先吃西瓜呢！

孩子刚出生时，并非是自私的，也不是大方的。每个孩子之所以在后天成长的过程中表现出来自私或者大方的特点，实际上，都是在特定的教养方式下循序渐进形成的。孩子是否懂得分享，不但决定了孩子是否对父母有感恩之心，能否尊重和孝敬父母，也决定了孩子在未来成长的过程中，在走入社会与他人交往时，能否以分享拥有好人缘。

每个父母都希望孩子无私，那么父母首先要无私，要乐于助人，要善于分享，这样才能给孩子树立好的榜样，让孩子知道分享让痛苦减半，让快乐翻倍。其次，当孩子在父母的引导下主动分享，父母还要及时赞扬孩

子,这样孩子因为得到父母的赞扬会更加乐于分享。懂得分享的孩子,会得到父母的认可和关注,也会得到同龄人的喜欢,拥有更多的朋友。最重要的是,他们在步入社会的时候,因为善于分享,就不会表现出过度霸道的样子,否则,谁还愿意和他们交往呢?当然,父母除了要求孩子分享,也要积极主动地与孩子分享。有些父母觉得孩子还小,很多事情都不懂,因而往往不把孩子当成家庭成员去看待。实际上,让孩子更多地参与家庭生活,对于促使孩子分享也是大有益处的。

父母言行端正,孩子品行优良

俗话说,上梁不正下梁歪。对于父母而言,如果自身品行恶劣,则教养出来的孩子无论如何也做不到品行端正。因而父母要想培养出品德高尚、行为端正的孩子,首先要对自己严格要求,自己在为人处世方面做得更好,符合道德的要求。

现代社会,很多父母都感慨孩子越来越难管,还说孩子总是故意与父母对着干。实际上,不是孩子不听话,是父母没有掌握方式,所以导致对孩子的教育事倍功半,甚至事与愿违。孩子为何不愿意听父母的话呢?一则是因为父母做得不够好,在孩子心目中没有威信,因而无法说服孩子听从父母的建议;二则是因为父母的教育方式不恰当,无法对叛逆心强的孩子起到良好的效果。只有把这两个方面都做好,父母才能教育好孩子,也才能让孩子品行端正,道德高尚。

明轩原本品学兼优,尽管家境贫困,但却积极向上,但自从父母下岗之后,家里就变成了地狱,爸爸整日酗酒,妈妈除了和爸爸吵架,就是去打麻将。在这样恶劣的家庭氛围中，明轩的学习成绩一落千丈。老师发现明轩上课总是走神，下课的时候还会暗自掉泪，不知道明轩到底怎么了，为此来到明轩家里进行家访。

到了明轩家里，老师和爸爸妈妈说了明轩的情况，很快，爸爸妈妈开始争吵起来，彼此抱怨，谁也不愿意承担责任，更没有人能顾及老师还在旁边看着呢。说着说着，他们居然动手打起来，老师吓得仓皇而逃，深深地同情明轩出生在这样糟糕的家庭里。果然，一段时间之后，原本品学兼优的明轩开始逃学，偶尔还会与社会上的小混混在一起玩，做些偷偷摸摸的勾当，没过多久就因为偷电缆被抓入少年犯管教所。

在这个实例中，明轩原来品学兼优积极向上。后来，爸爸妈妈双双下岗，全家人失去生活来源，爸爸一醉解千愁，妈妈则骂完爸爸就去打麻将、赌博，导致家庭风气越来越糟糕，根本没有家庭环境可言。这还不是最糟糕的，最糟糕的是爸爸妈妈总是相互推诿责任，还常常抱怨和指责对方，导致彼此争执，大打出手。在这种疏于管教、环境恶劣的情况下，明轩也未免自暴自弃，再也不愿意努力，越来越堕落。也可以说，明轩的堕落和父母的堕落是分不开的。

家庭环境是孩子赖以生存的基础，父母的言传身教是孩子成长过程中第一根标杆。明智的父母即使出于为孩子考虑的角度，也不会轻易放纵自己，更不会让自己沦落至道德的最低端。相反，他们无论经济条件如何，也不管自己生存在社会的上层还是底层，都会积极主动地提升自己，努力地完善自己，给孩子做出最好的榜样。

孝敬，是代代相传的传统美德

可怜天下父母心，每一个孩子唯有自己真正当了父母，才能理解作为父母对于孩子的爱有多么深沉无私，也才能理解父母对于孩子的殷切期望。孩子在长大成人之后，如果能够回馈父母的爱，把自己对父母的回馈达到父母对自己之爱的一半，这样的孩子就算得上孝敬。现实却是，有些孩子长大成人之后，就完全把父母遗忘，甚至还继续对父母索求无度，丝毫没有意识到父母已经老了，需要子女的照顾，需要依赖子女。当啃老的愿望不能得到实现，孩子就会怨恨父母，甚至诅咒父母。不得不说，这样的孩子失去了最基本的人性，也不配作为一个人生存在这个世界上。

每一对父母对孩子的爱尽管是无私的，也是不求回报的，但是从内心深处而言，他们都希望孩子将来有朝一日能够孝敬自己，赡养年迈的自己。为此，很多父母都会情不自禁把对孩子的期望挂在嘴边上："孩子，加油啊，我可就指望着你呢！"转眼之间，孩子就已经长大，再也不是那个依偎在父母身边的弱小生命。作为父母，要想让孩子孝敬，只是一味地唠叨孩子是行不通的，最重要的是给孩子树立榜样，以身作则孝敬老人，从而让孩子有样学样。如果父母本身对于老人就不孝敬，那么孩子怎么可能变得孝顺呢？

很久以前，有一对夫妻结婚之后和老父亲一起生活。刚刚结婚的时候，老父亲还算强壮，还能帮着家里做些力所能及的事情，但是随着时间的流逝，老父亲的年岁越来越大，身体渐渐衰弱，再也不能干活了。这对夫妻越看老父亲越不顺眼，在老父亲不小心摔碎好几个饭碗之后，他们居然把老父亲赶到厨房去吃饭，还给老父亲一个摔不碎的木碗。

有一次，妈妈在刷碗的时候，险些把木碗摔坏，儿子马上紧张地惊呼起来。妈妈问儿子："不就是个破碗吗，摔了就摔了，你害怕什么？"儿子说："不能摔啊。将来你和爸爸老了，还要用这个碗呢！"听了儿子的话，妈妈险些晕倒："我辛辛苦苦抚养你长大，就是为了让你虐待我的吗？"儿子说："这怎么能是虐待吗？我只是学着你和爸爸对待爷爷的样子啊！"从此之后，妈妈把爷爷请到桌子边吃饭，而且每次吃饭的时候都给爷爷夹菜，把爷爷照顾得很好。

父母是孩子的第一任老师，对于孩子的影响渗透到生活的方方面面。就像事例中的儿子，在发现爸爸妈妈对待爷爷很不好之后，也表示要把爷爷吃饭的木碗留给爸爸妈妈老了之后用。我们无从验证这是儿子故意说出来吓唬爸爸妈妈的，还是儿子真的就是这么想的，总而言之，这番话对妈妈起到了震慑作用，也让妈妈考虑到自己的养老问题之后，改变对爷爷的态度，给爷爷更好的照顾。

孩子并非生而孝敬，也并非生而不孝敬。父母要想培养孩子孝敬父母的美德，就要从孩子小时候，就从点点滴滴的小事入手，认真地引导孩子。此外，还可以给孩子提供机会，让孩子多看看关于孝敬的书籍或者公益广告，这样一来，孩子潜移默化受到影响，也就会生出孝心，无愧于为人子女。从本质上而言，让孩子有孝心，实际上也就是对孩子进行爱的教育。所谓身教大于言传，当父母以实际行动教会孩子什么是孝敬，相信孩子一定会做得很好。

第8章
溺爱不可取，孩子需要正确的关爱才能健康成长

有很多父母，理智上知道要适度爱孩子，实际上真正去做的时候，总是无法控制和把握好爱的力度，导致情不自禁就溺爱孩子。殊不知，对于孩子而言，溺爱是最大的害，父母溺爱孩子也许短时间内看是给予了孩子更好的照顾和全方位的呵护、保护，实际上从长远来看，父母溺爱孩子常常会让孩子品行恶劣，也对父母毫无感恩之心。

溺爱，是对孩子最大的害

从新生命在母亲的子宫内开始生根发芽的那一刻开始，父母就对新生命寄予极大的期望，也对新生命投入所有的爱。实际上，在家庭教育中，溺爱是对孩子最大的害，往往会给孩子的成长带来负面影响和很多伤害，也会使得孩子未来的人生变得扭曲，因此而承受更多伤害。常言道，凡事皆有度，过度犹不及。父母对于孩子的爱同样如此。

在家庭教育中，走极端是非常可怕的事情。现实生活中，曾经有的父母因为一时生气而把孩子打死，也有的父母因为过分溺爱孩子，反而被孩子杀死。还记得那个在机场被孩子用刀捅死的单亲妈妈吗？众所周知，供养孩子出国需要付出大量的金钱，为了给孩子更好的未来，单亲妈妈拼尽全力养育孩子，竭尽所能给孩子提供更好的成长条件，就因为没有及时给孩子一笔钱，孩子居然买了机票飞回家，把兴致勃勃来机场接他的妈妈当场捅死。这是有怎样的深仇大恨，才会让孩子做出这样令人发指的事情？其实什么仇恨也没有，原因就是妈妈一直溺爱孩子，无限度满足孩子的需求，等到妈妈拒绝时，孩子马上对妈妈恨之入骨，所以才会以这样残忍极端的方式杀死妈妈。这让我们忍不住要去想，对于一个家庭而言，最可怕的是什么？不是贫穷，不是疾病，而是孩子不懂事、不争气，是孩子毫无限度地索取，把对父母的一切要求都当成理所当然。

在这个世界上，除了父母，谁还会对我们无条件地付出爱呢？爱，并

非只会给孩子提供成长的养分,也会给孩子带来成长过程中的毒瘤。父母无限度的溺爱导致孩子品行顽劣,也使得孩子对父母丝毫不懂得感恩。那么,父母要如何对待孩子呢?奉行棍棒底下出孝子的传统教育思想吗?当然也不是。所谓适度的爱,指的是对孩子宽严并济,既要爱孩子,帮助孩子建立安全感,也要管束孩子,让孩子知道这个世界上没有绝对的自由,更不可能不劳而获,索求无度。

作为父母,要想害孩子,最有效的方式就是溺爱孩子。实际上,没有父母想害孩子,那些溺爱孩子的父母,都误以为自己是在毫无保留地爱孩子。付出和索取之间的错误对接,导致很多家庭都因为父母的溺爱而发生悲剧。每一对父母都要牢记,父母可以送给孩子的礼物有很多,但是一定不要把溺爱送给孩子。

妈妈在生下静静之后,迫于奶奶要延续香火的压力,没过几年,又生了弟弟杨洋。原本,爸爸就是独苗,家里有4个姐姐和妹妹,如今杨洋又成为独苗的独苗,也有一个姐姐,他真正是集万千宠爱于一身。

从小,杨洋就是奶奶手把手带大的,都长到七八岁了,上完厕所自己不会擦屁股,还要趴在浴缸的边缘喊奶奶帮他擦屁股。到了小学三年级,他也不会过马路,从来都是奶奶牵着他的手过马路。人们常说含在嘴里怕化了,捧在手里怕摔了,用来形容杨洋丝毫不为过。尤其是吃饭,从来都是全家人把好吃的都紧着杨洋吃,其他人都吃杨洋吃剩下的。

转眼之间,杨洋上高中了,还始终心里只有自己。尽管他是由奶奶一手带大的,但是考上大学之后,他3年没有回家,从未看过奶奶一眼。可想而知,可怜的奶奶看着疼爱的孙子一去不返,心里该有多么思念。大学毕业后,不管工作挣到多少钱,杨洋从来没有给爸爸妈妈花过一分钱。直到有一天,爸爸身患重病,急需手术,杨洋居然销声匿迹,不但不出钱不出力，居然连爸爸手术都没有到场。

有一个这样的儿子，一定是为人父母者最大的噩梦。但是，这样的儿子是如何得来的呢？杨洋在呱呱坠地的时候一定不是这样蛇蝎心肠的白眼狼，他之所以后来越来越过分，对父母丝毫不知道感恩，甚至在爸爸身患重病急需手术的时候销声匿迹，与父母平日里的溺爱不无关系。

每一个孩子呈现出来的样子，都带着原生家庭的影子，也在很大程度上折射出父母的教养方式，印刻着家庭教育的印记。作为父母，千万不要溺爱孩子，否则孩子非但不孝敬父母，在走上社会与他人交往时，也会面临重重困境。

也许溺爱对孩子的害处短期内不会表现出来，但这就像是孩子身上的一个不定时炸弹，说不定什么时候就会爆炸，让孩子粉身碎骨。父母一定要区分溺爱与疼爱的关系，也要坚持以正确的方式适度爱孩子，从而让孩子在人生的道路上走得更好。

任性的孩子，只因得到的爱太多

还记得孩子刚刚出生时的样子吗？他们的眼睛里写满纯真无瑕，他们的表情安静美好，他们的肌肤那么柔滑细嫩，吹弹可破……迎接小生命到来时的一切美好还印刻在我们的脑海中，转眼之间，小生命就不断地成长，变得越来越"邪恶"。所以古人说人之初，性本善，也有古人说人之初，性本恶，实际上都是有道理的。如果一定说善恶是共存的，那么善是显性的表现，而恶则是隐性的表现。当父母以不恰当的教养方式激发出孩子心中的恶，孩子就会表现得越来越邪恶。由此可见，父母的引导对于孩

子的成长至关重要。

随着孩子不断成长，父母的烦恼也越来越多。那个曾经在襁褓中的肥白婴儿，如今已经满地跑了，也有自己的思想，甚至会主动向爸爸妈妈索要很多东西，包括玩具、美食、衣服等。稍有不如意，他们不是施展撒娇的方法去打动父母的心，而是直截了当使用杀手锏——哭闹，只为了在第一时间逼迫父母就范。父母很苦恼：为何孩子越来越任性？从心理学的角度而言，孩子绝非生而任性，而是在后天成长的过程中一次又一次得到父母的满足和妥协，所以他们才会任性，他们的欲望也越来越强，而且不择手段想要满足欲望。

才6岁的青青俨然成为家里的女皇，不管做什么事情，她都要根据自己的心性去做，从来不会妥协。从小，因为家里只有一个孩子，爸爸妈妈不会和青青计较，每当青青要什么，他们马上就给买；每当青青想做什么事情，他们也马上配合去做。结果，在顺遂的环境中长大的青青，越来越骄纵，即使小小的不满意都不能接受。

一天晚上，大概10点钟，青青突然说饿了，要吃松仁玉米。妈妈说："你这个孩子真是故意刁难人，这么晚了去哪里买松仁玉米啊，饭店都关门了。这样，妈妈给你煮个红薯吃，好不好？"青青把头摇得像拨浪鼓一样，口中念念有词："我不，我不，我就要吃松仁玉米。"妈妈继续拒绝，和青青商量着吃点儿别的，青青居然气得哭起来，马上跑去和爸爸告状。爸爸一看心肝宝贝女儿哭了，当即说："别哭别哭，爸爸去给你买，好不好？我知道有一家饭店要到凌晨才打烊呢！"爸爸当即穿好衣服，去给青青买松仁玉米。青青吃到松仁玉米，觉得没有想象中好吃，才吃了几口就不吃了，而满头大汗的爸爸不得不重新洗澡，冲去一身臭汗。

父母对孩子疼爱无度，只会让孩子越来越任性、越来越骄纵。就像事

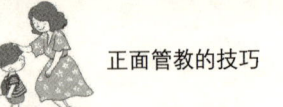

例中的青青，这一次如愿以偿在夜晚吃到松仁玉米，也许未来有一天还会异想天开要吃什么。假如孩子想要天上的太阳、月亮和星星，父母也要想办法给她摘回来吗？当然不可能。

常言道，人生不如十之八九，对于每个孩子而言，也许小时候接受父母无微不至的照顾，会生活得很顺遂如意，也总是能够感到满意。但是随着不断地成长，父母不可能永远陪伴和保护孩子，而孩子终究要长大，独自面对这个世界。这时，如果孩子还是任性妄为，必然会受到生活的严厉惩罚。要想改变孩子任性的坏习惯，从孩子小时候，父母就要让孩子学会接受拒绝，而不要对孩子的一切要求都理所当然地满足。每个人不可能一生顺遂，对于孩子而言，尽早意识到生活不总是顺心如意的，对于孩子的成长将会有很大的好处。

适度给孩子物质奖励

从心理学的角度而言，一个人做事情，分为内部动机和外部动机。顾名思义，内部动机是发自内心的力量，而外部动机则是为了达到某个目的做出的事情。内部动机对人的激励作用更强大，也更稳定，能够让人长时间地保持做事情的热情和动力，而外部动机对人的激励作用则是短暂有效的，一旦外部的奖励或者目的消失，则外部动机也会变得疲软。那么在教育孩子的过程中，父母应该倾向于激发孩子的内部动机，还是保持孩子的外部动机呢？相信明智的父母一定会做出正确的选择。

现代社会，每个人的生存压力都很大，作为成人，不但要把工作做好，还要照顾家庭，顾及对孩子的教育，因而是非常忙碌的。很多时候，

父母忙于工作，根本无法抽出足够的时间去陪伴和照顾孩子，有些父母远离家乡工作，还会把孩子留在家乡交给爷爷奶奶照管。我们不能否认这些父母的选择初衷，毕竟钱不是万能的，但是没有钱是万万不能的。然而，不得不说，即使为孩子提供了经济基础和丰厚的物质，也未必就是合格的父母。

很多父母总是以物质或者金钱奖励孩子，孩子因为年纪小，对于这些物质和金钱没有抵抗力，因而也总是欣然接受。然而，从孩子成长的角度而言，这真的是孩子所需要的吗？这真的能给孩子的成长提供有利的条件，充实孩子的心灵，让孩子感受到父母的爱吗？当然不能。在金钱和物质带来的满足感如同潮水般消退之后，孩子就会觉得内心空虚，也会对父母提出更多的精神和感情需求。如果孩子长期得不到父母的关爱，还会失去自信，变得自卑，由此走上歪路。在这个世界上，很多东西都是实实在在存在的，能够给人带来安全感。唯独父母的爱并不能用实在的物质代替，应该是纯粹的。

作为父母，只有给予孩子爱，才能始终激励孩子主动地成长，积极地面对人生。否则，当孩子的内心被空虚的物质填满，孩子必然觉得成长乏力，也会感受到人生的道路很迷惘。当然，这里并非是把物质的奖励说得一无是处，而是告诉父母，要更关注孩子的精神和心灵，从而才能让孩子拥有内部动机，也拥有永恒的动力，把每件事情做得更好。

学校里要举办运动会，不但让孩子们参加，还让父母们也参加，给孩子当啦啦队，为孩子加油鼓劲。头一天晚上，小艺还再三提醒爸爸次日的活动，结果等到周六早晨起床，小艺却发现爸爸妈妈的卧室空无一人，而餐桌上摆放着一张纸，还有一张百元大钞。

纸是爸爸妈妈留给小艺的，上面写着："小艺，爸爸妈妈临时有生意上的事情要处理,你自己去买早餐吃吧,然后去参加运动会。爱你的爸爸妈妈。"看着这张纸,小艺的眼泪簌簌而下,爸爸妈妈不但不告而别,妈妈连早饭都没给他做。要知道,他今天可是要参加难度最大的400米跑,既要速度,也要耐力。小艺心情沮丧,把手机关机,电话线拔掉,没有去参加运动会。老师当即把电话打到爸爸妈妈的手机上,爸爸妈妈无论如何也联系不上小艺,只好在出差的半途赶回家,为此还耽误了一笔大生意。

回到家里,爸爸妈妈发现小艺正在卧室里睡觉,不由得气得七窍生烟。爸爸当即对小艺喊道:"你这个孩子是不是作死呢?你不去参加运动会就算了,怎么还把手机关机,又把电话线也拔掉了呢?"小艺瞪着眼睛看着爸爸,眼睛里写满了仇恨。他咬牙切齿对爸爸说:"我不需要你管。"从此之后,小艺再也不乖,总是故意与爸爸妈妈作对,让爸爸妈妈苦恼不已。

因为爸爸妈妈的不告而别,小艺非常生气,也觉得自己受到深深的伤害。原本还想在爸爸妈妈面前大展身手的小艺,一气之下没有参加运动会,还躲在家里玩起失踪。这就是因为父母过分在乎给孩子物质奖励和金钱奖励,而忽略了孩子的心理需求和感情需求。

每个孩子在成长的过程中固然需要摄入足够的营养物质,才能让身体变得更强壮,同样也需要满足精神和感情方面的需求,才能获得内心的平衡和感情的宁静,才能更加快乐。作为父母,不要以任何理由忽略孩子的成长,归根结底这个世界是物质和精神的组合,人更是情感动物,需要满足自身的情感需求。看到这里,也许有些爸爸妈妈会说工作太忙,根本没有时间照顾孩子。的确,父母承受着巨大的生存压力,但是这并不是推脱为人父母责任和义务的理由。正如大文豪鲁迅先生所说,时间就像海绵里的水,只要愿挤,总还是有的。作为父母,如果真的关心孩子,想方设法

也要陪伴孩子，就可以挤出时间，在孩子睡觉之前给孩子讲故事，在周末的时候带着孩子一起去郊外远足，或者精心地做孩子喜欢吃的食物，这都是对孩子表达爱的方式。

和情感相比，物质和金钱总是显得缺乏人情味。孩子最需要的不是金钱和物质，而是心灵的慰藉和对爱的满足。父母固然可以以适度的物质奖励奖励孩子，但要把物质奖励当成辅助手段，更加关注孩子的心灵，满足孩子的感情需求，这样才能让孩子拥有源源不断的内部动机，从而在人生的道路上披荆斩棘、乘风破浪，勇往直前。

不以自我为中心，才能拥有好人缘

被溺爱的孩子习惯了世界里只有自己，为此，他们常常不知不觉就会犯以自我为中心的错误，也常常失去朋友，成为孤家寡人。在家里的时候，父母还能让着孩子，孩子也可以顺心如意，那么一旦走出家门，孩子又该如何与他人相处呢？毋庸置疑，被溺爱、以自我为中心的孩子，与同伴相处的时候根本吃不开，也压根儿不会有好人缘。

众所周知，朋友是一生的陪伴。每个人唯有拥有朋友，才能在漫长的人生道路上不寂寞，才能生存得更好。也曾经有教育专家说，父母即使再爱孩子，也不可能代替同龄的伙伴陪伴孩子，所以如今的很多孩子都非常寂寞。作为父母，要尽量创造更多的机会让孩子与同龄人接触，也让孩子在与同龄人相处的过程中掌握游戏规则，学会遵守规则。渐渐地，孩子就会意识到唯有遵守共同的规则，才能更愉快地玩耍，也许不需要父母言传身教，他们就会以谦和有礼赢得好人缘。

一段时间以来，妈妈发现可乐变得非常霸道，不但不愿意与小朋友分享美味的食物，而且还总是抢夺小朋友的玩具和食物据为己有。妈妈感到很苦恼，因为渐渐地班级里的很多小朋友都不愿意和可乐玩了，可乐变成孤家寡人。思来想去，妈妈意识到也许是一直以来的骄纵溺爱让可乐变得霸道任性，为此，妈妈决定趁着暑假把可乐送到姥姥家里生活一段时间，让可乐习惯和舅舅家的哥哥弟弟一起分享，融洽相处。

妈妈才把可乐送回家一个星期，姥姥就打电话来诉苦："你家可乐可真是太厉害了，非常霸道，真是个厉害丫头。不管是哥哥还是弟弟都对她甘拜下风，就差认她为大姐大了。自从可乐来了之后，我家就变成了战场，整天硝烟弥漫，鬼哭狼嚎，哎！"妈妈安抚姥姥："亲爱的老娘，你就忍耐一下，好吗？我实在上班太忙带不了她。而且，你让哥哥弟弟不要让着她啊，该抢就抢，这样她才能学会与人相处呢，实在不行打一架也行，我绝对没意见。"得到妈妈的尚方宝剑，姥姥赶紧把妈妈的精神和原则传达给哥哥弟弟，果不其然，战争升级，可乐不再是常胜将军，而是经常被打得哇哇哭。妈妈尽管心疼，却坚决不去接可乐回家，而是一定要让可乐在吃一堑长一智的过程中学会人际相处之道。果然，一个多月过去，当妈妈回姥姥家接可乐的时候，可乐就像变了一个人。拿到妈妈带回家的零食，可乐当即先去分给哥哥和弟弟，都分完之后，她自己才开始吃。想玩玩具的时候，可乐也能与哥哥弟弟谦让、合作，妈妈欣慰极了。

当家里只有一个孩子的时候，父母的宠爱必然导致孩子变得骄纵任性，有的时候，哪怕父母不宠爱孩子，孩子也会自己宠爱自己，自己娇惯自己。对于霸道的孩子，事例中可乐妈妈的方式值得借鉴，有的时候教会孩子分享并不可行，只有在人际交往的实战中，孩子才能通过尝试、反思和总结，渐渐地找到最佳的人际相处之道。

唯我独尊，任性，不尊重他人，心里只有自己，这些带有负面意义的性格特征，往往会导致孩子陷入困境，在人群之中寸步难行。明智的父母不会继续放纵和宠溺孩子，而是从教育的层面上对孩子严格要求，再从人际相处的层面上，引导孩子融入同龄人的小团体之中。归根结底，父母即使再爱孩子，也不可能陪伴孩子度过一生，更不可能庇护孩子一生。父母一定要尽早锻炼孩子各方面的能力，帮助孩子养成良好的行为习惯，孩子才能更加独立，在人际交往中如鱼得水、游刃有余，也才能真正成为社会意义上的人，收获快乐充实的人生。

挫折教育，让孩子更坚强

有谁在人生之中不曾遭遇过坎坷挫折呢？当艰难地熬过去，回头看看自己曾经走过的路，我们甚至会为自己的表现而感到骄傲，因为我们做到了超越，也做到了战胜和成就自我。作为父母，我们无疑是坚强的，那么对于孩子的教育，我们是否取得成功呢？当孩子因为小小的挫折就止步不前、犹豫不定的时候，当孩子因为有一点点的不如意就怨声载道、牢骚满腹的时候，我们必须反思：我们对孩子的教育是否成功？

要想回答这个问题，我们首先要正确界定教育成功的定义。什么叫教育成功？不是说把孩子培养得出类拔萃，每天都坚持送孩子上各种各样的培训班，就叫教育成功。这些都是孩子成长过程中的枝叶，虽然看起来繁茂，却要依赖于深深地扎在土壤里的根。要想对孩子教育成功，父母就要知道，唯有让孩子拥有顽强不屈的毅力，帮助孩子战胜生命历程中的各种困难。

在心理学领域，有专家经过研究发现，大多数人的先天条件相差无几，而之所以后天的成就相差迥异，有的人能够获得成功，收获辉煌人生，而有的人总是与失败结缘，在失败的打击下一蹶不振，就是因为他们面对失败的态度截然不同。成功者也许没有天赋，但是一定很勤奋；失败者也许有一定的天赋，却总是轻易放弃，也不能坚持不懈，最终只能以失败告终。由此可见，古人所说的天时地利人和，还只是获得成功的一部分条件而已，成功者更需要具备耐心、决心、毅力等各种优秀的品质，才突破和成就自我，不断地走向成功。

要想培养孩子坚韧不拔的毅力，父母就要有意识地让孩子接受挫折教育。如今，大多数孩子都生活得过于顺遂，而没有亲身经历过命运的残酷。作为父母，不要因为心疼孩子就为孩子代劳一切，而是要在孩子遇到难题的时候，耐心地引导孩子解决难题，不断地给孩子鼓劲打气。渐渐地，孩子才能摸索到门道，也才能以坚决的勇气和顽强的毅力真正战胜困难。

周末，妈妈带着悦悦去同事家里做客。同事家的女儿依依和悦悦差不多大，妈妈要和同事说一些要紧的事情，正好可以让悦悦和依依一起玩，这样孩子们也不至于感到寂寞。

到了同事家，妈妈当即与同事交谈，悦悦和依依年纪相仿，也很快自来熟地玩到一起去。依依正在学习下象棋，所以也教悦悦下，这样就可以与悦悦下棋。显而易见，悦悦现学的下棋技术很糟糕，总是输给依依，接连输掉三盘之后，悦悦不愿意继续下棋，而是缠着妈妈要回家。妈妈很纳闷："悦悦，你不是在和依依玩的吗？继续和依依玩去吧，妈妈大概还要半个小时才能结束，好吗？"悦悦着急地哭起来，无论如何也不想待下去了。无奈，妈妈只好带着悦悦回家。

第8章 溺爱不可取，孩子需要正确的关爱才能健康成长

回家的路上，妈妈问悦悦："悦悦，现在没有别人在场，你可以告诉我你为什么坚持要离开吗？"悦悦的眼眶红了，她委屈地说："依依都学习象棋两年了，本来她就该赢，还总是嘲笑我输呢！"听了悦悦的话，妈妈知道悦悦是自尊心受到伤害，所以不愿意继续与依依比赛。为此，妈妈安抚悦悦："悦悦，凡事都有一个从不会到会的过程，刚开始学习的时候失败没有关系，只要每次都有进步就行。依依妈妈告诉我，依依最初学习象棋的时候经常急哭呢！""真的吗？"听说依依也会哭鼻子，悦悦心情明显大好。妈妈点点头，回答："当然。其实你今天现学现卖和依依下象棋，还是非常厉害的。不过，下次不要这么不淡定了，输掉几盘棋又没有关系，等到你长大了走上社会，受委屈的机会还在后面呢，只有不断地提升自己，有真才实学，才能有更好的表现。"悦悦对妈妈的话似懂非懂，重重地点点头。

很多孩子从小就一帆风顺，在成长的过程中从未受到过任何挫折，所以他们根本不能接受失败，更无法踩着失败的阶梯坚持进步。父母在教养孩子的过程中，固然要拼尽全力为孩子提供最好的成长条件，却也不要忽略了对孩子进行挫折教育。唯有让孩子意识到成败输赢皆有可能，让孩子拥有强大的内心，孩子才能表现更突出。

需要注意的是，当孩子被难题拦住不知道如何解决的时候，父母一定不要因为心急或者心疼孩子，就不该出手也出手。孩子总要学着长大，而没有任何人能够代替孩子成长。常言说得好，不经历无以成经验，孩子正是在亲身经历的过程中才渐渐地成长起来，才成为更有勇气和胆识的人。

第 9 章

鼓励孩子结交朋友，让孩子在待人接物中学会爱和付出

人是群居动物，每个人都是社会的一员，都需要在人群中生存。遗世而独立，离群索居，在现代社会根本行不通，因为一个人不可能自给自足，而且交往也是人的本能之一。作为父母，在教育孩子的过程中，应该多多鼓励孩子结交朋友，并且让孩子掌握礼仪，礼貌待人，从而在人际相处中学会待人接物，也学会主动对他人付出，热情接纳整个世界。

热情大方，学会和陌生人搭讪

新生儿呱呱坠地时并不认识父母，他们也许熟悉母亲的呼吸和心跳，但是对于父亲却是全然陌生的。与此同时，父母也并不认识新生儿，对于母亲而言，眼前这个皮肤皱皱巴巴、长相如同老头一样的孱弱生命，还没有怀孕时期子宫里时不时来袭的胎动更亲切。实际上，即使亲如父母子女这样的关系，也要经历从陌生到熟悉的过程，才能彼此亲近起来，变成熟悉的人，在日复一日的相处中加深感情。

在出生之后的很长一段时间里，新生儿都要依赖父母才能生存。随着渐渐长大，他们的人际交往范围再也不局限于父母，活动范围也不再局限于家里，直到两三岁，他们终于可以正式走出家庭，步入进入社会的第一站——幼儿园。在此之前，父母首先要教会孩子如何与人相处，教会孩子与他人分享，更要教会孩子与陌生的小朋友搭讪，这一切对于孩子尽快适应幼儿园生活是很有好处的。

孩子出生之后，很多父母都把孩子当成命根子，因而对孩子百般照顾和呵护，唯恐自己对于孩子的关注不够多，也害怕自己对孩子的爱还不够重。实际上，父母对于孩子的照顾越是周到，孩子反而无法顺利适应社会生活，这是因为他们如同套中人一样被包裹在父母的爱和无限度的宽容之中，根本不知道如何破茧成蝶，也根本不知道如何顺利走入社会。

不可否认的是，当今很多孩子都是家中的一根独苗，尽管拥有父母的

爱，却缺乏同龄人的陪伴，因而他们无法成功地战胜内心的孤独，也因为习惯了一个人玩耍，导致总是把内心封闭起来，对外部的世界浑然不觉。心理学家指出，哪怕父母再爱孩子，也不能代替同龄人陪伴孩子的成长，从这个角度而言，明智的父母会主动鼓励孩子交朋友，从而让孩子与小区里邻居家的同龄伙伴一起玩耍、一起成长。尤其是有些孩子天生性格内向，根本不愿意与他人打交道，父母就要有意识地引导孩子打开心扉，让孩子亲近同龄人，也在与同龄人的相处中找到自己的位置。

对于孩子的交往，其实很多父母也感到困惑。例如，有的孩子天生胆小怯懦，在与其他孩子相处时会受到欺负，在外面敢怒不敢言，等到回到家里之后，又会向父母哭诉。与这样的孩子恰恰相反，有的孩子是不折不扣的小霸王，性格外向，在孩子的群体里总是能吃得开，甚至还会成为孩子王，但是他们习惯性地会欺负其他孩子，因为闯祸也被其他父母找上门，害得自己父母不得不跟着道歉。不得不说，这都是因为孩子性格不同导致的，作为父母，要多多引导孩子，对于外向的孩子加大管控力度，对于内向的孩子以鼓励为主，这样才能根据孩子性格的有的放矢，取长补短，从而让孩子在人际交往中结识朋友。

现代社会，有很多父母本身就很宅，除了工作，只想留在家里，守着电视和电脑，而不愿意出门与人相处。在有了孩子之后，这样的生活习惯一定要改变，因为如果父母很宅，孩子也会很宅，但是对于孩子的性格养成，宅并非好事情，反而会让孩子更加闭塞，郁郁寡欢。现代社会中，人脉资源也成为非常重要的资源，父母一定要引导孩子更好地与同龄人交往，这有利于孩子成长。孩子长大成人走入社会，如果拥有丰富的人脉资源，也会更容易得到助力，收获成功。

当然，父母一味地说教甚至是强迫，并不能让已经习惯独处的孩子马上对交朋友充满热情。明智的父母会引导孩子与同龄人玩耍，让孩子知道有朋友才能更快乐，从而孩子就会变被动结交朋友为主动结交朋友，对于交朋友更加充满热情、积极主动。

不斤斤计较，拥有更多朋友

现代社会，大多数家庭都只有一个孩子，而且很多孩子的父母也是"80后""90后"的独生子女，这就使得孩子出生在特殊的4-2-1家庭结构中，集万千宠爱于一身，习惯性地独占家里的所有资源，也习惯性地被父母满足一切的欲望和需求，渐渐地，他们越来越孤独，甚至已经习惯了孤独，也就不愿意和他人分享。

在很多独生子女家庭里，细心的父母会发现，孩子甚至不愿意与父母分享，这都是因为父母平日里的溺爱和骄纵导致的。从另一个方面而言，沉重的生存压力使得父母更多地关注孩子的学习和进步，而对于孩子是否有同龄的小伙伴完全忽略。和父母每天工作单位、家庭两点一线的枯燥生活相比，孩子的生活也没有好到哪里去，更与精彩无关。大多数孩子都是学校、家庭两点一线，如果赶上寒暑假，他们还会在学校、家庭和补习机构之间形成固定路线。正因为如此，才有人说孩子们过了一个假暑假。

从本心的角度而言，孩子是希望能够走出家庭，融入社会的，但是他们不知道如何去做，也因为家庭的局限和自身的束缚，使得他们举步维艰。当父母发现孩子的生活范围太小、生活内容枯燥，几乎没有交际的时候，就要第一时间引导孩子走出困境。有人说，心有多大，舞台就有多

第9章 鼓励孩子结交朋友,让孩子在待人接物中学会爱和付出

大,对于孩子而言同样如此。孩子唯有眼界开阔、心胸宽广,才能让自己看得更远,心怀世界。当然,要想拓宽孩子的眼界,父母一定要多多鼓励孩子走出狭小的内在世界,接纳更广阔的外在世界。当然,在拥有朋友之后,如何维护好与朋友的关系,加深与朋友之间的感情,是至关重要的。否则,一边结识新朋友,一边失去老朋友,无疑得不偿失。而与朋友的相处之道,除了真诚友善之外,最重要的是宽容。当一个人内心空虚,与朋友相处总是斤斤计较,则无法赢得朋友的认可和尊重。父母要告诉孩子赠人玫瑰、手有余香的道理,才能让孩子主动付出,也在与他人的相处中占据优势。

毕业10年,在高中同学聚会上,酒过三巡,大多数同学都从久未见面的隔阂感中摆脱出来,似乎酒精刺激下的兴奋神经又把他们带到10年前无忧无虑的少年时代。原本的座次很快打乱,同学们端着酒杯四处乱窜,找到自己的同桌、前后桌,曾经的好朋友或者是仇人,说着一些不三不四、不着调或者一本正经、掏心掏肺的话。

这时,相邻而坐的帅帅和林峰突然间争吵起来。喝多了的林峰喊道:"我告诉你,《海燕》就是托尔斯泰的作品,那海燕,在狂风骤雨的大海上翱翔……"帅帅忍不住哈哈大笑:"你这个家伙上学的时候学习就不好,我告诉你,《海燕》的作者是高尔基。"原本,他们只是争执,但是林峰听到帅帅说他上学的时候学习就不好,突然开始较真,坚持说《海燕》的作者是托尔斯泰。旁边的同学劝架无果,他们只好去找高中语文老师评判。看着林峰喝得满面绯红,语文老师说:"帅帅,你说错了,林峰说的是对的。"帅帅大吃一惊:难道老师也老糊涂了吗?帅帅郁郁寡欢回到座位上,直到宴会结束,他又找到老师:"老师,《海燕》的作者到底是谁?"语文老师笑起来,问帅帅:"今天开心吗?"帅帅点点头,说:

"开心，恍惚回到了10年前。"老师说："既然开心，为何要因为这些小问题而烦恼呢？《海燕》的作者是谁不重要，毕竟你们此时此刻不是在高考，重要的是你们是同学，难得一见，又要各奔东西，还是不要起争执才好。《海燕》的作者是高尔基，你说的是对的。"听了语文老师的话，帅帅释然。

语文老师说得很对，此时此刻不是高考，所以《海燕》的作者到底是谁，只是谈资，而并不关系到前途和命运。作为高中同学，帅帅有什么必要与已经喝醉的林峰争执呢？人与人之间的相处固然要以尊重和真诚作为基础，更要以宽容作为基本的相处原则，才能以恕己之心恕人，建立良好的人际关系，也加深与他人之间的感情。

在成长的过程中，很多孩子都会犯各种各样的错误，也会被他人各种各样的错误而伤害。作为父母，面对孩子的错误时，要多多宽容孩子，从而给孩子树立宽容的榜样。作为孩子，在发现别人有错的时候，也要以宽容为原则，宽容他人，宽宥自己。每个人活在这个世界上都很艰难，唯有让原本脆弱的心因为宽容想得开，因为坚持有毅力，因为聪慧有顿悟，才能更好地生存下来，也才能始终保持好心情，与此同时给身边的人带来快乐与幸福。

心怀大爱，助人为乐

现实生活中，很多父母因为害怕孩子吃亏，所以不教给孩子善良，而是再三叮嘱孩子要明哲保身，绝不要随随便便付出。实际上，这样的做法从表面看起来，是在保护孩子不吃亏，实质上却让孩子失去了助人为乐的

快乐，也让孩子在人生之中战战兢兢、如履薄冰。也有的父母会说，孩子还小，没有足够的能量帮助他人。实际上，孩子虽然小，也能力所能及帮助他人，最重要的是孩子要有一颗助人为乐的心。例如，年幼的孩子可以帮助妈妈拿拖鞋，可以帮助爸爸递手纸，还可以给更小的孩子擦鼻涕，或者保护好植物，给家里的花浇水。人们说处处留心皆学问，实际上对于孩子来说，是处处留心皆付出。重点在于，父母要支持孩子付出，要培养孩子的爱心，也要让孩子在有机会的情况下还不吝啬帮助他人。

看起来，孩子是否有爱心只关系到孩子能否主动帮助他人，实际上，有爱心的孩子感情更细腻，他们内心善良，常常能够设身处地为他人着想。他们总是主动关爱他人，并且从来不求回报，因为对于他人而言，关爱他人、帮助他人本身就是一种快乐。有人说，现代社会中人与人的关系变得越来越冷漠，但一位名人说，你所看到的世界就是你的心所折射出来的。还有名人曾经说，这个世界上并不缺少美，缺少的只是发现美的眼睛。因而父母要引导孩子形成爱心，对这个世界充满爱，孩子才能感受到更多的爱。否则，内心缺乏爱的孩子必然觉得世界冷漠，也必然觉得人际关系疏远。

还记得那个曾经到过天堂和地狱的人吗？在天堂里，拿着长长筷子的人们围着一口沸腾的大锅，把夹起来的东西放入他人的嘴巴里，而与此同时，他也能吃到他人夹起来的东西。看到这样的情形，你是否会想起法国名著《三个火枪手》中"人人为我，我为人人"的那句至理名言呢？而在地狱，尽管锅还是同样的锅，筷子也还是同样长长的筷子，唯一的不同在于，每个人都迫不及待把自己夹起来的东西往自己嘴巴里放，却因为筷子太长而吃不到东西。他们饿得哇哇直叫，两眼冒光，从未想过可以互帮互助。自私自利蒙蔽了人的心灵，让人原本的聪慧都消失，也让人的智商瞬间降低为零。

身处人世间,我们每个人都是集体中的一员,也要学会为他人着想,从而才能得到他人的回馈。如果人人都只为自己,则人间也会变成地狱。所谓一念天堂,一念地狱,作为父母,是想让孩子身处天堂,还是身处地狱呢?父母要把目光看得长远一些,不要鼠目寸光,只为了避免孩子吃亏,就让孩子的心充斥着自私的欲望。

记得网络上曾出现以孩子为主角的残忍视频,在视频里,孩子以折磨的手段杀死小动物。也许这是一个别有用心的人为了增加点击量而恶意制作的视频,但是视频里的内容依然让人感到震惊。为了从小培养孩子的爱心,让孩子对这个世界充满热情和关注,父母要以身示范,给孩子做好榜样。常言道,言传不如身教,当父母抓住各种机会在孩子面前表现出对外界的博爱,就能给予孩子积极正向的力量,帮助孩子鼓起勇气面对这个世界,也让孩子以爱的眼睛更多地发现世界的美好。

也许有些父母会说,生活中,没有什么机会去表现对陌生人的爱啊,毕竟社会上什么人都有,还要提高自我保护意识呢!的确如此。但是,自我保护与表达爱,并不是相互冲突、互相违背的。作为父母,要处处留心,给孩子树立爱的榜样。例如汶川地震,单位组织捐款的时候,父母就可以告诉孩子捐款的意义,也告诉孩子有很多好心人、热心人,已经自费奔赴灾区救援。再如,世界上某个国家或者地区有灾难的时候,父母也可以把国家对外捐助的钱告诉孩子。此外,对于孩子穿小的衣服鞋子,父母也可以和孩子一起整理,捐赠给贫困灾区。这样一来,在切实展开行动的过程中,孩子会更深切感受到助人为乐的快乐。

此外,除了帮助陌生人,父母还可以引导孩子多多帮助家里人,如给妈妈倒水、给爷爷奶奶送水果等,只要是孩子力所能及的事情,父母都可

以安排孩子去做。现实生活中，总有些父母觉得孩子还小，就处处限制孩子，不让孩子去做事情，生怕孩子受到伤害。实际上，每个人做任何事情都有一个从不会到会的过程，都有一个熟能生巧的过程。因而父母对待孩子，绝不要因为心疼和溺爱，就把孩子"闲置着"。记住，孩子即使能力再小，也总有孩子能做的事情。作为父母，一定要根据孩子的能力让孩子动起来，让孩子习惯于付出，这样孩子才能取得长足的发展，也渐渐地拥有博爱和挚爱之心。

学会关心和被关心

从本能的角度来说，每个人都渴望能够关心他人，也得到他人的关心。正是这样的有来有往的爱的传递，才使整个世界都具有温度，变得温馨有爱。试想一下，假如世界上没有关心，人们又会如何呢？人们会感到寒冷，因为他们生活在一个冷冰冰、没有温度的世界。人是感情动物，也是群居动物，人与人之间的相处模式，很像刺猬为了战胜寒冷想出来的方法，那就是依偎着取暖，觉得彼此扎疼，就分开一些；感受到寒冷，就再靠近一些。正是在这样不断调整的过程中，刺猬们找到最佳的相处模式，既能相互依偎取暖，又能保持适度的距离，彼此友好相处。

人与人之间，应该保持怎样的距离呢？人与人之间，又该以怎样的模式相处呢？我们固然想关心他人，却不能以最好的方式满足他们渴望得到关心的需求。我们固然想得到他人的关心，却又遗憾地发现他人的关心对于我们并不适用，无法满足我们的心理和情感需求。在这种情况下，人与人之间同样要像刺猬之间那样彼此调整距离，寻找到最合适的相处模式。

很多父母都不会向孩子表达爱，在孩子小时候，他们无微不至地照顾孩子，给孩子疼爱和宠溺，等到孩子长大了，他们就会感到很困惑，与孩子的相处也变成一味地否定和批评孩子，对孩子提出过高的要求，从而让孩子努力去拔高自己。如何表达爱，父母做得并不好。正是因为父母的影响，所以孩子也变得不会表达爱，更不会把爱落到实际行动上。这是爱的传递出现了问题，父母和孩子都要主动去解决问题。

从心理学的角度而言，有些父母非但不会表达爱，也不会接受爱。很多父母对于孩子特别疼爱，不管什么事情都不让孩子做，而自己则拼尽全力去照顾孩子。有的时候，孩子萌生出爱心，想要为父母捶捶背，或者把自己喜欢吃的东西给父母吃，父母都会马上拒绝，口中念念有词："妈妈不吃，宝贝吃吧！"在这样的拒绝之中，孩子无法区分父母是真的不需要，还是只是推辞和谦让。渐渐地，孩子不愿意再表达爱，对于父母也失去了付出爱的心意和冲动。

接受爱—表达爱—付出爱，这是一个良性循环的过程，无论哪一个环节出现错误，都会导致爱的传递出现延误或者中止。父母唯有帮助孩子更深刻地理解爱，也对他人的付出坦然接受，再顺其自然地表达对他人的关爱，才能让孩子在成长的过程中充实、快乐。当然，培养孩子学会爱绝非一蹴而就的事情，需要父母认真用心，带着耐心。唯有如此，孩子才会接过爱的接力棒，全力以赴奔跑下去。

周五下午，妈妈打电话回家，发现乐乐还没有到家，心里未免紧张起来。乐乐平时3点放学，3点半一定会到家，这是怎么回事呢？过了10分钟，妈妈又打电话回家，乐乐还没有到家。妈妈决定再过10分钟继续打电话，如果乐乐依然没到家，就去学校找一找乐乐。

这10分钟的时间里，妈妈的脑海中不停地浮现出各种糟糕的情况，内心备受煎熬。好不容易等到10分钟过去，妈妈又打电话回家，这次终于有人接电话了。妈妈着急地问："乐乐，今天怎么到家这么晚？"乐乐说："妈妈，今天值日的一个同学生病了，我就主动留下来帮忙打扫卫生了。"妈妈正想批评乐乐，转念一想：孩子有这样的爱心很好，应该表扬孩子。至于批评，和表扬完全是两码事。为此，妈妈对乐乐说："你这么乐于助人啊，真该好好表扬一下。是你主动要留下来帮忙的吗？"乐乐自豪地说："是啊，我主动的。"就这样，妈妈很真诚地表扬了乐乐。

下班之后回到家，妈妈拿出一个手机给乐乐，说："送你一个手机，这样如果你以后有事情要留在学校，可以告诉妈妈一下。你知道吗，我今天打电话回家发现你在应该到家的时候没到家，我简直吓死了。我都想好了如果再打不通电话，就马上去学校里找你呢。"乐乐感受到妈妈紧张的情绪，说："嗯，妈妈，对不起，我让你担心了。"妈妈笑着抚摸乐乐的头，说："没关系，你也是为了帮助同学。不过下次再遇到这样的情况，一定要打电话告诉我哦！"乐乐重重地点点头。

乐乐是个助人为乐的好孩子，只不过因为帮助他人延迟了回家的时候，导致妈妈陷入担心和焦虑之中。虽然妈妈很着急，但是在联系上乐乐且了解情况之后，还是第一时间认可了乐乐的行为，表扬了乐乐。后来，为了避免类似的情况再发生，妈妈主动给乐乐配备了一部手机，这样等到再发生类似的情况时，乐乐就可以打电话向妈妈说明情况，妈妈也可以打电话向乐乐询问情况。看到手机，乐乐当然知道妈妈是因为自己延迟回家受到惊吓，因而也答应妈妈以后会提前打电话。

每个人都生活在人群中，一个人即使能力再强，也不可能离群索居、

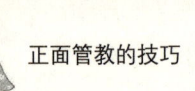

自给自足，所以父母在教育孩子的时候，一定要帮助孩子养成独立自主的好习惯，也让孩子拥有爱心，能够主动对他人付出，并且坦然接受他人的回报和馈赠。爱的传递，在人群之中是非常微妙的，能够接受爱、表达爱、并且把爱付诸实际行动，这对于孩子的成长有很大的好处，也是父母应该未雨绸缪，在孩子小时候就对孩子展开引导，努力做到的。

学会感恩，拥有感恩之心

在中国的一些家庭里，孩子就如同小公主、小皇帝一样，心安理得地接受着父母的照顾。渐渐地，他们形成以自我为中心的思想意识，吃饭的时候，只吃自己喜欢的；玩耍的时候，如同富豪一样挥金如土，享受着与他们的年纪不相匹配的高档服务，却从未想到这些钱都是父母辛辛苦苦挣来的；在学校里，他们对老师怨声载道，甚至有些混账孩子还因为老师的严格管教而辱骂、殴打老师……各种怪象层出不穷，让人感到困惑：这些熊孩子到底怎么了？

熊孩子没怎么，只是没有感恩之心而已。在这个时代，太多人都缺乏感恩之心，而总是过分关注自己，表现出自私自利的性格特征和行为。作为父母，在教育孩子的时候固然要关注孩子的学习，也要关注孩子的品德，尤其是要让孩子学会感恩。因为唯有懂得感恩的孩子，才懂得生活的意义；唯有懂得感恩的孩子，才能在未来的生活中有更好的人际关系，才能开拓自己的人生道路。

孩子为何不懂得感恩呢？父母要弄清楚一点，即孩子并非是从一出生就不懂得感恩，当然，那些懂得感恩的孩子也不是从一出生就懂得感恩

的。是否感恩，与孩子所接受的后天教育有密切的关系。在教养孩子的过程中，父母不要对孩子一味地付出，否则，所谓的疼爱就会变成溺爱，导致孩子出现思想和行为的偏差。明智的父母会适度爱孩子，因为他们知道过度的爱是对孩子的纵容和伤害，也知道唯有适度爱孩子，孩子才能更好地成长，才能学会如何与人相处和交往。

有一个周末，妈妈正在进行大扫除，给乐乐也分配了任务。干活儿之前，乐乐拿着小本子和妈妈约定，扫地多少钱、擦桌子多少钱等。看着乐乐密密麻麻写了好几条，妈妈问："没有免费的项目吗？"乐乐说："没有啊，我做每一项工作都应该要钱的啊！"妈妈继续问："那么，你是不是这个家庭成员呢？"乐乐点点头："当然是。"妈妈说："每个家庭成员都有义务为家里做相应的事情。"乐乐有些困惑："但是，这些家务活儿原本都是你做的，是你的分内之事，不是我的。"

听到乐乐的话，妈妈感到很惊讶："哦，为什么都是我的事情呢？"乐乐说："一直都是你做啊。"妈妈继续追问："一直都是我做，就必须是我做吗？"这时，在一边的爸爸听不下去了，纠正乐乐："你小的时候，爸爸忙于工作，你又还小，所以妈妈就主动承担起照顾你和做所有家务的责任。实际上，家务活儿是属于所有家庭成员的，现在你也长大了，必须承担起相应的家务活儿。"乐乐很抵触，爸爸又给他上了很长时间的思想课，他才勉强接受要帮忙分担少量的家务。

在中国的很多家庭里，父母与孩子之间都存在这样的困惑。父母，尤其是妈妈总是质问："家务活儿都是我的活儿吗？"每当要求孩子做一些家务，孩子总是感到困惑："为什么我要做家务？做家务不归我管啊！"在这种思想的驱使下，孩子拒绝做家务，或者推卸家务活儿。正如爸爸所说的，家务活儿是属于每个家庭成员的。为了避免孩子出现和事例中的乐乐一样的思想，父母应该根据孩子的成长情况，及时给孩子分派家务，从而让孩子从小养成理应为这个家分担和负责的思想，孩子也就不会觉得妈妈做家务是理所应当的，而且自己必须得到工资才能分担家务。

无论父母多么爱孩子，都不要让孩子认为父母的一切付出都是理所应当的，更不要让孩子在接受父母付出的同时心安理得，从来不知道感恩。父母有义务照顾孩子，孩子也可以接受父母的照顾，但是这并不意味着所有的事情都是理所当然的。父母一定要让孩子拥有感恩之心，也要让孩子懂得回报。具体而言，父母对孩子的爱不要太满，更不要让孩子只忙着张开双手接受父母的爱，而无暇对父母付出爱。从这个角度而言，父母也要给孩子机会去表达爱、付出爱，才有利于孩子的健康茁壮成长。

当好小主人，礼貌周到地待人接物

现代社会，很多孩子心里只有自己，因而往往表现得没有礼貌。很多父母尽管辛辛苦苦地供养孩子长大，关注孩子的学习和成长，却忽略了对孩子进行礼仪的教育。实际上，在人际交往中，第一印象是非常重要的。在心理学上，有一个首因效应，意思就是第一印象往往决定和影响人们此后的影响。很多人为了给他人留下好印象，非常关注自身的形象，殊不知，形象只是展示表面的东西给人看，礼仪却是决定第一印象的重要因素，彰显的是人内在的气质。

为了让孩子由内而外绽放魅力，父母要注重培养孩子的礼仪。偏偏很多父母一味地关心孩子的学习，关注孩子的成长，而忽略了孩子应该从小形成良好的行为习惯。一个徒有其表的人无法得到他人的尊重和认

可，只有由内而外散发出魅力，他们才能言行举止得体，从而对他人产生吸引力。

很多父母虽然把有礼貌挂在嘴边，但是并没有真正切实推动孩子讲礼貌。当父母只把礼貌教育停留在口头上，孩子就会与礼貌失之交臂。对于每个人而言，不管是成人还是孩子，礼貌都是最基本的素质。懂得礼貌的人就像是一泓清泉，给人带来清凉的感受。反之，不懂礼貌的人似乎远离现代文明，让人们感觉到他如同来自野蛮时代，忍不住要对他敬而远之。

孩子的礼貌言行涉及生活的方方面面，要想帮助孩子养成良好的礼貌习惯，父母就要关注得更加全面。例如，有些孩子对熟悉的人有礼貌，也能做到落落大方、照顾周到，但是在陌生人面前完全把各种礼貌都忘到脑后；有些孩子在公共场所有礼貌，一旦离开公众场所，回到家里，就不知道如何作为小主人接待小客人。这些情况，都是因为孩子还没有成为一个真正懂礼貌的社交达人，也意味着孩子还要继续努力。

还有一些家庭，只会告诉孩子讲礼貌，而真正落实到现实生活中，从父母到孩子，都不能礼貌地对待彼此。其实，现实生活中每时每刻都有机会对礼貌言行进行实际演练。举例而言，父母请孩子帮忙做事情的时候，不要因为自己生养了孩子，就觉得孩子能帮助父母做事情是荣幸，而是要真正平等对待和尊重孩子，对孩子使用礼貌用语。否则，如果父母要求孩子做事情的时候不懂得礼貌，那么孩子在请求父母帮忙的时候也会态度生硬，根本不能做到真正地讲礼貌。生活中的礼仪渗透在各种细小的事情中，父母一定要耐心教导和引导孩子，才能让孩子更加积极主动，成为礼貌的社交达人。

乐乐是一个性格开朗的男孩，每当有熟悉的客人到来，他总是能把客人照顾得很好。但是当有陌生的客人来家里做客时，乐乐则有些认生，也显得非常紧张，不知道自己应该如何接待客人。为了锻炼乐乐接待陌生人的能力，爸爸会有意识地邀请此前没有到访过的同事来家里做客。

这个周末，爸爸邀请的是一位年轻的女同事，才刚刚大学毕业进入公司工作。爸爸让乐乐与女同事打招呼，乐乐脸都红了，害羞地说："阿姨好。"爸爸当即告诉乐乐："乐乐，姐姐只比你大十几岁，也许不愿意被称呼为阿姨，你叫姐姐，好不好？"乐乐当即改口，说："姐姐好。"接下来，爸爸让乐乐负责接待姐姐。

一开始，乐乐非常腼腆，但是想起爸爸前一日和他一起预习的待人接物事项，为此，乐乐先是给姐姐倒了一杯果汁，接下来又问姐姐是否想吃薯片。这时，在一旁爸爸当即提醒乐乐："招待客人的时候，只要把东西拿出来招待即可，不需要问客人是否想吃，不然客人因为不好意思而拒绝，岂不是吃不到美味的食物了吗？"乐乐觉得爸爸的话很有道理，当即把自己喜欢吃的零食都拿出来招待姐姐。后来，看到姐姐很无聊，乐乐还问姐姐是喜欢看影视节目还是喜欢玩游戏，得知姐姐喜欢玩游戏，乐乐高兴极了。在为姐姐准备好水果之后，乐乐就和姐姐进入虚拟世界里成为战友，玩得不亦乐乎。

在爸爸一次又一次有意识的锻炼中，乐乐现在可以招待各种类型和年龄段的陌生客人，还赢得客人的一致好评呢！

爸爸很明智，知道孩子长大之后总是要成为主人去招待客人，因而现在就努力引导乐乐成为一个合格的小主人，从而热情周到地招待客人，与客人之间产生良好互动。这样热情好客的乐乐，不但能够建立良好的人际关系，也因为养成了良好的待人接物习惯，因而能够拥有更加丰富的人脉资源，也能够卓有成效地提升自己的社会交往能力。

孩子并非天生就具有良好的社交能力，作为父母，要有意识地培养孩子的社会交往能力，也有针对性地提升孩子的待人接物能力，这样孩子才会在坚持锻炼的过程中持续成长，也才能成为真正受人欢迎的社交达人。

第 10 章

想让孩子提高学习成绩，多给予孩子正向的鼓励

在全民陷入教育焦虑的今天，无数父母都在为孩子提高学习成绩而焦虑。在很多父母心目中，孩子学习成绩好坏往往决定了孩子将来上怎样的大学，毕业之后有怎样的工作，由此也决定了孩子的一生。望子成龙、望女成凤是人之常情，作为父母固然对孩子的学习心急如焚，却也要采取正确的方法给予孩子正向的鼓励，这样才能卓有成效地激励孩子，帮助孩子提高学习成绩。

提振信心，让孩子不惧怕失败

　　何为失败综合征？为何很多孩子都会受到失败综合征的困扰呢？实际上，很多父母都不知道失败综合征是什么，然而，孩子却在不知不觉之间遭受着失败综合征的困扰。很多孩子因为连续失败的困扰，导致失去信心，陷入沮丧和绝望之中。自暴自弃的他们认为自己不管多么努力，都无法获得成功、取得进步，为此他们渐渐地放弃努力，让自己距离成功越来越遥远。

　　当孩子陷入失败综合征的困扰之中时，作为父母，一定要努力帮助孩子。为了避免增加孩子的心理压力，父母不要过分指责和抱怨孩子，更不要打骂孩子，否则孩子的心理压力会越来越沉重，原本就如同风中残烛一样的自信心会更微弱，甚至彻底熄灭。对于身陷失败综合征困扰的孩子，父母一定要以鼓励为主，才能帮助孩子重新树立信心、增强勇气，也才能给予孩子最大的帮助和支持，让孩子勇敢地面对一切。

　　自从升入初中之后，原本在小学阶段学习成绩很好、总是在班级里遥遥领先的思琪，在学习上突然面临窘境。每次考试，无论思琪多么努力，都无法像小学阶段那样名列前茅，甚至在一次月考中，思琪的成绩一落千丈，成为班级里的倒数几名。对于自己在学习上的表现，思琪感到很焦虑，她迫不及待想要提升自己，却总是事与愿违。渐渐地，思琪失去信心，在学习上倦怠乏力，根本无法成功地超越自己。

看到思琪的表现，妈妈也很担忧，然而思琪却把妈妈担忧的眼神误以为是失望，因而思琪总是不愿意抬起头看着妈妈的眼睛，反而刻意逃避妈妈的询问。在咨询心理专家之后，妈妈才意识到思琪有可能陷入失败综合征，因而对思琪开展心理干预。妈妈经常带着思琪参加各种有趣的活动，让思琪把生活的重心从学习上偏移开，从而暂时放松心情。为了让思琪能够找到快乐，妈妈还借着小长假的机会带思琪去海南旅游。渐渐地，思琪郁闷的心情得以缓解，渐渐地又开始爱笑了。在一次考试之后，思琪主动面对问题，对妈妈说："妈妈，我的学习成绩大不如前，对不起。"妈妈笑着说："傻孩子，你的学习成绩还和以前一样优秀。"思琪很困惑："但是，我在班级里只能考到二十几名，而不是前几名。"妈妈语重心长对思琪说："思琪，人外有人，天外有天。你在小学阶段，是整个班级的尖子生。但是你不要忘记，你现在已经凭着努力考入重点中学，这也就意味着你的同学都是各个小学的尖子生，所以你不能继续遥遥领先，这完全是正常的。只要你努力、奋进，妈妈始终为你骄傲。将来等你考入名牌大学，你还会发现有更多的同学都非常努力，特别优秀，你要学会和他们相处，向他们学习。"妈妈的话有效地宽解了思琪的心，思琪这才意识到自己并没有退步，只是遇到了更加优秀的同学而已。思琪释然，向妈妈保证："妈妈，放心吧，我一定更加努力，争取进步。"妈妈欣慰地点点头。

现实生活中，很多孩子都会有失败综合征，他们之中有些人和思琪一样，突然面对更优秀的同学和对手，内心失衡，也有的孩子是因为对自己评价过高，所以屡次尝试都无法实现目标，导致自信心受到打击。如果长期被挫败感所困扰，他们也许就会变得颓废沮丧，自信心减弱，甚至有可能自暴自弃。

面对受到失败综合征困扰的孩子，父母一定要给予孩子更坚定不移

的支持，也要不吝啬自己的赞扬和鼓励，从而帮助孩子提振信心、恢复自信。当然，除了在语言上鼓励孩子、在行动上支持孩子之外，父母还应该有意识地在孩子面前淡化学习，或者引导孩子参加各种各样有趣的活动，这对于缓解孩子因为失败引起的紧张焦虑大有好处。当孩子有了小小的进步，父母还要马上认可孩子，也激励孩子再接再厉，获得更大的成功。父母要记住，孩子的心灵是稚嫩的，孩子的感情是脆弱的，父母唯有用心呵护孩子，才能最大限度激发孩子的潜能，让孩子信心十足、动力强劲地朝着成功奔去。

目标明确，孩子自然动力强劲

面对一个学习成绩落后、学习表现糟糕的孩子，很多父母如同孙悟空一样已经使出七十二变的杀手锏，却始终不见成效，这是为什么呢？实际上，很多孩子之所以在学习上表现出疲软的势头，不是因为他们自身能力不足，也不是因为他们没有学习的天赋，而是因为他们在学习上的目标不够明确，因而使得他们在学习的海洋中茫然四顾、迷失方向。

一个人在做事情的时候有无方向的指引，产生的结果是截然不同的。如果有过海上航行的经验，就会知道即使经验再丰富的船长，也必须在罗盘的指引下，才能确定航向。否则，一味地在漫无边际的海上四处漂荡，最终的结果就是不知所踪。很多父母觉得学习是很简单的事情，实际上对于孩子而言，面对学习就像面对大海，他们也会觉得漫无头绪，找不到重点。认清楚这个真相，父母就要知道，必须激发起孩子的内部动机，让孩子拥有强劲的内部动力，孩子才能主动自发学习，也始终对学习保持积极

第 10 章 想让孩子提高学习成绩，多给予孩子正向的鼓励

的热情。而且，从学习效果的角度而言，主动学习的效率远远高于被动学习的效率。作为父母，不妨试想一下，假如你们在工作上总是被领导逼着去完成任务，而不愿意主动自发完成任务，则工作效率必然大大降低。反之，如果你们很喜欢某项工作，或者愿意通过工作来实现自身的价值，那么工作起来就会信心百倍，也会效率倍增。从这个角度而言，父母与其逼迫着孩子努力，盯着孩子学习，不如最大限度地激发孩子学习的兴趣，从而让孩子发自内心地喜欢学习。

自从升入初中之后，凯奇在学习上的弱势就更明显地表现出来，学习成绩也从小学时期的中等生变成了现在的后进生。为了督促凯奇学习，妈妈特意辞掉工作，全心全意照顾孩子，也陪伴凯奇一起学习。与其说是陪伴，不如说妈妈的主要任务就是盯着凯奇学习。例如，凯奇每天放学刚刚回到家，妈妈就会提醒凯奇："凯奇，赶紧完成作业，晚些时候要去参加补习班。妈妈给你做好吃的，好吧？"等到凯奇从补习班回来，妈妈看到凯奇完成了学校的作业，又会要求凯奇继续做课外作业。就这样，凯奇每天都要11点多才能睡觉。尤其是到了周末，更是凯奇的噩梦，相比起平日，凯奇周末两天要赶场八九个培训班，简直是个大忙人。

虽然妈妈在凯奇的学习上下了这么多工夫，进行了这么大的投入，但是凯奇的学习成绩始终不上不下，几乎没有进步。有的时候因为过于忙碌，凯奇还会耽误学校作业的完成，为此几次三番受到老师批评。有一次考试，凯奇的考试成绩很糟糕，妈妈就开始唠叨凯奇。这个时候，凯奇实在忍无可忍，对着妈妈吼道："不用说了，初中毕业我就去打工，再也不上学了！"听到凯奇的话，妈妈更加气急败坏，和凯奇大吵一架。

妈妈对于凯奇当然是望子成龙，她希望凯奇在学习方面有所进步、有所成就，这样将来才能考上好大学，也才能有一份好工作。然而，凯奇在

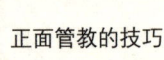

学习方面似乎没有天赋，总是把一切都搞得一团糟。渐渐地，他对于学习也失去信心，不愿意继续努力。那么作为妈妈，一定很纳闷自己这样全心全意照顾孩子，督促凯奇，为何凯奇就是不能把学习成绩搞上去呢？实际上，妈妈忽略了一个事实，那就是凯奇对于学习还没有内部动机。

要想培养孩子对于学习的内部动机，激发孩子学习的潜力，父母就要做到以下几点：首先，父母要培养孩子对于学习的兴趣。众所周知，兴趣是最好的老师，孩子唯有对学习感兴趣，才能最大限度地激发起学习的动力，从被动地学习变成主动地学习。激发孩子的学习兴趣，还有助于提升孩子的求知欲，让孩子在努力学习之余感受到学习的快乐，这才是最重要的。其次，很多孩子虽然对学习没有兴趣，但是对于玩电脑游戏等却兴致盎然。父母可以引导孩子把玩游戏的兴趣转移到学习上来，也告诉教孩子要想玩转这些高科技产品，就要努力认真地学习，从而才能掌握更多的技能，也才能把各种游戏项目玩得更好。当然，无论选择哪种方式激励孩子努力认真地学习，都要让孩子树立远大的目标和理想，这样孩子才能端正学习态度，从被动学习到主动学习，从父母要求他们学习，变成他人自主要求学习。此外，父母还要激励孩子保持学习动机，持续热情地对待学习，这样孩子才能在知识的海洋里遨游，也才能最大限度地激发起孩子的兴趣，让孩子在学习上卓有成效，取得进步。

父母耐心引导，孩子全面发展

很多孩子在学习方面都会出现偏科的情况，对于孩子而言，就像吃东西会有喜欢有不喜欢一样，对于学科他们也有的喜欢有的不喜欢。然而，

对于一心一意抓孩子学习的父母而言，孩子偏科往往让他们感到非常头疼，这是因为偏科的孩子就像是在用一条腿走路，无法让学习情况变得稳定，也无法在学习上取得良好的成绩。为此，当发现孩子偏科时，父母总是非常着急，甚至恨不得在第一时间就改变孩子的偏科情况，让孩子全方面发展。

如今，很多父母都意识到，孩子之所以挑食，与父母有密切的关系。这是因为很多父母在发现孩子尤其偏爱某种食物之后，就会特意给孩子提供这种食物。同样的道理，有的孩子在学习的过程中因为能力限制，对于某个学科的学习会失去兴趣，或者觉得心有余而力不足。在这种情况下，父母切勿当着孩子的面，断言孩子在特定的方面能力欠缺，而应该积极地鼓励孩子，这样孩子才能把学习学得更好。现实生活中，总有些父母一旦发现孩子语文成绩不好，就会不分场合地说孩子就擅长数学，不喜欢语文。如此一来，无异于给孩子贴标签，也会导致孩子对于语文学习更加敬而远之。如何改善孩子挑食呢？尽管孩子不喜欢吃某种食物，父母也要给孩子做那种食物，甚至还要变着花样去给孩子做，这样孩子多多少少会接受这种食物，渐渐地习惯了这种食物的口感和质地，说不定还会爱上这种食物呢！那么对于孩子不喜欢的科目，父母也要带着孩子去发现相关科目的趣味性，让孩子对于科目的学习不仅仅出于被动，而是能够做到积极主动。当孩子领略了某门学科的独特魅力，也在现实生活中真正运用到那门学科，他们对于相关学科的学习当然会更加积极主动，也因而使得学习的整体情况变得均衡。

当发现孩子偏科的时候，父母切勿打骂或者强迫孩子。教育孩子的最大忌讳就是对孩子歇斯底里，动辄就批评和否定孩子，这样只会让孩子破罐子破摔，根本不愿意积极主动面对任何问题。很多孩子还小，缺乏客观认知和评价自我的能力,为此父母要理性对待孩子,从容地对孩子进行教育,而不要以恶劣的情绪影响孩子的心情,从而导致教育孩子的效果大打折扣,甚至事与愿违。

正如有人说过的,父母情绪平和,孩子才能持续进步。教育孩子,一定不要对孩子过分指责,更不要对孩子颐指气使。很多父母总是怒气冲冲,恨不得使用强制手段一下子就把孩子偏科的坏习惯完全纠正过来,殊不知,这是根本不可能的。父母对孩子的教育,应该如同春雨一样润物细无声,这样孩子才愿意接受,也能静下心来聆听父母的教诲。父母要记住,孩子不是机器,不能仅凭着接受指令,就让自己的言行举止完全符合父母的预期。相反,孩子是有血有肉、有思想有灵魂的生命个体,父母充满爱的关怀照顾与指引,才能给孩子最佳的引导,也对孩子起到最好的教育作用。

这次期末考试,乐乐的数学成绩出现了大幅度滑坡,原本乐乐的数学总能考到班级前10名,有的时候还是第一第二呢,这次却到了班级三十几名,相当于倒数10名左右。得知乐乐的数学考试成绩和名次,爸爸心急如焚,第一时间就找到乐乐询问情况,并且向乐乐要来数学试卷,要和乐乐一起分析试卷。

果然,爸爸经过分析试卷发现,乐乐的数学试卷上,难度大的题目都做得很好,但是难度小的基础题目,如计算题等,反而丢掉很多分。为此,爸爸黑着脸看着乐乐,乐乐嗫嚅着说:"爸爸,我实在是没有数学天赋。"听到乐乐把原因归结于此,爸爸未免觉得又好气又好笑,当即反问乐乐:"那么你对哪一门学科有天赋呢?"乐乐说:"其实,语文还挺不错的。"爸爸说:"我看你的语文试卷,阅读理解和作文也扣了很多分,这充分说明你在语文方面也没有特殊的天赋,否则你就会文采斐然,作文

写得让老师一看就拍案叫绝。"爸爸沉思片刻,继续对乐乐说:"乐乐,你看看你的数学试卷,你说你在数学学习上没有天赋,我恰恰觉得你很有天赋。你把难度大的题目都完成得很好,扣分多扣在粗心大意方面。这些计算题原本不该错,你是因为粗心才错的。"乐乐很为难:"但是爸爸,我就是无法改掉粗心的毛病。"爸爸说:"胡说,每个人都可以做到认真细致,粗心并不是不能改正的。你只要端正态度,在做题目的时候始终提醒自己认真仔细,你粗心的毛病就会渐渐好转。其实,你粗心也是怪爸爸,因为当你做作业粗心的时候,爸爸总是不以为然,也没有特别纠正你。"听到爸爸的话,乐乐低下头。后来,爸爸和乐乐一起想方设法改掉粗心这个毛病,果然,乐乐在学习上取得了长足的进步,数学成绩也得到大幅度提高。

当孩子出现偏科的情况时,也许是因为兴趣不足,也许是因为能力不够,也许就像事例中的乐乐,仅仅是因为粗心。不管是哪一种原因,父母都不要过分指责孩子,而是要保持平静的心情,客观地认知问题,从而与孩子之间进行更好的交流和互动。在明确孩子偏科的原因之后,父母还要有的放矢,引导孩子从薄弱的地方下手。当然,在发现孩子有进步之后,父母一定要第一时间就认可和肯定孩子,从而让孩子感受到源源不断的动力。

父母的鼓励,对于孩子是绝佳的动力来源。父母要知道,尺有所短,寸有所长,每个孩子都有自身的优点,也有自身的缺点,作为父母,要更好地接受孩子,从而才能卓有成效地引导孩子,让孩子不断提升和完善自我。

孩子为何会害怕考试

在很多父母的偏见中，只有学习成绩差的孩子才会害怕考试，而很多学习成绩好的孩子，都是喜欢考试的。其实不然。孩子是否害怕考试，一则取决于学习成绩，二则也取决于孩子的心理素质，三则还取决于父母对待考试成绩的态度。很多父母一旦看到孩子考试成绩不好，马上就会对孩子声色俱厉，丝毫不留情面地批评孩子。这样的父母当然会让孩子对于考试心有余悸，毕竟人的本能都是趋利避害的，孩子也是如此，他们也不愿意因为考试成绩不好而被父母批评，为此，他们非常惧怕考试。有的父母相对开明，知道考试的目的就是检验孩子的学习效果，因而即使孩子在考试中没有取得好成绩，他们也能耐心地和孩子一起分析考试失利的原因，从而引导孩子有的放矢地解决问题。

在众多厌恶考试的孩子之中，有相当一部分孩子的心理素质不好，他们平日里在学习方面表现良好，一旦到了考试的时候，马上就会因为心理紧张导致在考试中发挥失利。平日里的考试尚且还好，如果是小升初考试、高考，则孩子就会因为考试中的异常发挥，导致人生也陷入困境。对于孩子怯场的表现，父母一定要弄清楚原因，从而有的放矢地调整教育的策略，给予孩子更宽容的对待。

父母需要注意的是，如果孩子已经出现非常惧怕考试的情况，父母一定要避免给孩子施加压力。大多数害怕考试的孩子已经承受了巨大的压力，为此父母要做的是帮助孩子减轻压力，让孩子能够怀着平静的心情去考试，而不应过分强调考试的重要性，导致孩子对考试更加心有余悸。

孩子一旦患上考试恐惧症，不但会影响他们现阶段的学习，而且会影响未来的学习和工作。因为在未来的求学道路上，即使在参加工作中，孩

子也经常需要面对各种各样的考试和测试。如果孩子始终无法战胜恐惧，始终对于考试胆战心惊，他们就一定会内心焦虑不安，也会让学业的道路越走越艰难，人生的道路也越走越窄。

小武以前是个非常自信的孩子，在学习上总是很优秀，也常常在考试中取得好成绩。然而，随着小武的成长，爸爸妈妈对小武的期望也越来越高。为此，每当小武考试有小小的不如意，或者出现微妙的波动，爸爸妈妈马上就会训斥小武，还会对小武提出更加苛刻的要求。在巨大的压力之下，小武越来越惧怕考试。有一次，小武考取了班级第一名，妈妈对小武表示祝贺，而且激励小武继续努力，不想，小武却沮丧地说："真倒霉，我怎么这么倒霉啊！"妈妈不明所以，问："你怎么倒霉了？"小武说："我这次考了第一，你和爸爸未来就会要求我每次都考第一。我其实只是幸运，才考了第一。"看到小武的样子，妈妈觉得又好气又好笑，说："每个人在学习上当然要更加进步，你也是如此。一步一个台阶，才能最终得到顶峰。"

果然如同小武所说，后来爸爸妈妈对小武的要求越来越高，导致小武一到考试就会万分紧张，饭也吃不好，觉也睡不着，后来居然患上严重的考试恐惧症，在平日的学习中表现良好，一旦到了考试的时候，马上就"原形毕露"，成绩非常糟糕。

在这个事例中，小武之所以患上严重的考试恐惧症，就是因为父母期望过高。对于小武在学习上的表现，一开始父母没有过高的要求，小武尚且能够自由地正常发挥，后来随着小武学习成绩的提升，爸爸妈妈对小武的要求也水涨船高，小武居然患上考试恐惧症，导致一到考试就无法发挥出正常水平，这无疑是非常糟糕的。

所谓解铃还须系铃人，为了帮助小武缓解紧张的情绪，爸爸妈妈当前要做的，就是减轻小武的压力，让小武知道不管考试的成绩如何，只要尽心尽力参加考试，就足够了。包括在日常的学习中，父母也要端正心态，不要对孩子提出过分的要求，否则就会给孩子带来巨大的压力，导致孩子在学习的时候也背负着沉重的负担，无法放松自己的心情，给予自己更好的成长空间。

父母要意识到，孩子未来还需要面对更多的挑战，甚至在走上工作岗位之后，也还是要面对很多测试。如果总是一遇到紧张的局面就脑海中一片空白，如果总是因此而导致自己发挥失常，那么未来的人生就会受到很多负面影响。对于孩子而言，考试应该成为一种常态，孩子固然要以提升考试成绩为阶段目标，但是考试成绩并不是孩子能够完全决定的。父母一定要对有考试恐惧的孩子积极引导，从而帮助孩子正常发挥自身的水平，也让孩子在考场上获得该有的成绩，收获充满前景的未来。

认同孩子的情绪，鼓励孩子再接再厉

作为父母，如果你有勇气问孩子："学习累不累，你喜欢学习吗？"只要给予孩子绝对的自由来回答这个问题，只怕大多数孩子给出的回答都会是让父母感到遗憾和失望的。因为孩子会遵从他们的本心，告诉父母"当然不喜欢学习，学习那么累"。这个时候，作为父母，你会怎么说？为了激励孩子，你会睁着眼睛说瞎话，告诉孩子"学习根本不累"吗？即使孩子因为年幼无知相信你说的话，你也知道自己说的是假话吧。学习当然很累，累是学习的本质特点，如果学习总是轻轻松松充满乐趣，根本无法实现预期的效果。那么，作为父母，就要正视学习的本质，告诉孩子：

"学习的确很累，但是，每个人都要学习，孩子需要把大部分时间和精力都投入学习，父母需要在工作之余兼顾学习，人人都要活到老，学到老。"当你这么说的时候，你会发现孩子原本对于学习非常抵触的情绪有所缓和。不要觉得神奇，也不要过分惊讶，这一切都是因为你认可了孩子的情绪，接纳了孩子的情绪，也愿意从正面而并非以自欺欺人的方式鼓励孩子。

每一对父母最大的心愿就是孩子能够健康快乐地成长，所谓望子成龙、望女成凤，完全无可厚非。当父母殷切希望孩子能够考上重点大学，拥有更如意的人生，孩子与此同时也不得不承受巨大的压力，甚至会不堪重负。作为父母，也要理解和体谅孩子。归根结底，孩子承受了无穷的压力，他们既要完成学业，又要实现父母的心愿，还要兼顾自己的理想和志向。尤其是现在很多孩子都是独生子女，他们背负着父母的殷切期望，也意识到自己即将面对的人生必然是沉重的、压力山大的，又因为没有兄弟姐妹可以分担，所以孩子总是感到心力憔悴，身心俱疲。很多父母都抱怨孩子不能理解他们的感受，同样的道理，很多孩子也急切渴望得到父母的理解。有的时候，孩子不需要父母真正做什么，只要父母认可孩子的情绪和感受，孩子就会感到很欣慰。现实生活中，偏偏有很多父母习惯于睁着眼睛说瞎话，他们明知道孩子的辛苦和疲惫，却总是否定孩子的情绪感受，这让孩子感到万分委屈。作为父母，学会接纳孩子的情绪很重要，因为唯有理解和认可孩子的父母，才能打开孩子的心扉，也才能切实有效地缓解孩子的疲惫。

周五晚上，妈妈拖着疲惫的身体才回到家里，乐乐就迫不及待向妈妈抱怨："妈妈，你终于回来啦！你知道么，我从3点放学回家，到现在已经6点了，一直在写作业。作业实在太多了，我的手都写酸了，但是才写了一半。妈妈，你们小时候作业也这么多吗？"妈妈心里暗暗想道：我们小时候哪里有什么作业，放学之后就背着书包到处玩，等到天黑了才回家。然而，妈妈嘴上却说："当然啊。妈妈小时候的作业比你的更多，有的时候，整个周末两天的时间都在写作业。你现在条件多好，还有书桌，还有空调，还可以吃零食和水果，妈妈小时候只能趴在花坛的边上写作业，夏天的时候还会被蚊子咬呢！你呀，就知足吧，你现在过的日子已经非常好了。况且，学习怎么能不累吗？学习的累和妈妈工作的辛苦相比，简直不值一提。你现在要是不好好学习，将来长大成人之后，找不到好工作，会比现在更累。你只有好好学习，考上好大学，拥有好工作，才能过得更好。"

原本，乐乐只想得到妈妈的安慰，却不想自己才把话说完，妈妈就说了这么大一通话，让乐乐也不知道如何接茬儿。乐乐有些抑郁，忧伤地叹了一口气之后，就离开了。

妈妈的用意很明显，她害怕自己如果认可乐乐的感受，会导致乐乐变本加厉，不愿意完成作业，或者对作业怀有抵触心理。实际上，妈妈完全想多了，乐乐之所以向妈妈诉苦，就是想让妈妈认可和接纳他的感受，哪怕能安慰他一下也好，也能让他得到精神上的力量。但是偏偏妈妈背道而驰，还把乐乐教育了一通。

对于压力山大的孩子而言，他们急切渴望得到父母的同情与认可，因而当孩子忍不住向父母诉苦的时候，父母不要急于否定孩子的感受，更不要借此机会给孩子上思想课，而只需要认可孩子的感受，接纳孩子的情绪，对于孩子而言就是最大的安慰。

父母指责抱怨孩子，还会激发起孩子的负面情绪，让孩子更加抵触学习，心力憔悴。人人都渴望被理解，人人都希望自己的人生能有更好的发

展和更美好的前景。既然如此,父母有何必要否定孩子的感受呢?孩子对于学习的内部动机,绝不是依靠父母的"掩耳盗铃"就能维持下去的,明智的父母会引导孩子从正面认知问题,也帮助孩子平静理性地接受现实状况。当然,如果感到孩子的确压力山大、心力憔悴,父母还可以和孩子一起进行放松,从而帮助孩子更好地清空心灵,也让孩子在此后更加鼓起信心和勇气再接再厉。总而言之,没有任何人的情绪和感受是可以被隐藏起来的,或者被故意视而不见,与其等到孩子的负面情绪不断发酵导致更严重的后果,父母不如坦然接受孩子的情绪,也最大限度地激发孩子的正面能量。

让孩子成为父母的小老师

很多父母为如何调动孩子的积极性而烦恼,甚至尝试了很多方法,但是都收效甚微。实际上,对于孩子而言,如果对学习不感兴趣,的确会倍感煎熬,似乎每一分钟的坚持都需要孩子拼尽全力。然而,学习是漫长的过程,是需要长期坚持的。在这种情况下,如果孩子一直坚持学习,总有一天会感到身心疲惫,甚至会颓废地放弃。由此可见,对于孩子而言,要想学习成绩好,要想对学习始终保持热情和动力,就要对学习有兴趣。

那么,怎样激发孩子学习的积极性呢?细心的父母会发现,孩子对老师都很崇拜,因而把老师的话当成圣旨,对老师所说的一切都牢牢地记在心里。甚至为了听从老师的指令,很多孩子把父母的话都抛之脑后。既然如此,父母为何不帮助孩子转化身份,让孩子成为他们所崇拜的老师呢?这样一来,孩子原本对学习的倦怠心理就会消失,为了符合心目中老师学识渊博的印象，他们也会非常努力地学习，让自己成为一个合格的小老师。

作为父母，可以抓住孩子对老师的崇拜心理，拜孩子为师，让孩子能够积极主动提升自我，成为合格的小老师。这对于孩子不是一种沉重的负担，而是一种莫大的激励。虽然孩子自身的能力还不足以当老师，但是他们会在老师这种神圣职务的驱使下，让自己的能力不断增强，让自己能够肩负起老师的责任。由此可见，让孩子成为小老师是很好的办法，既可以帮助孩子巩固在学校里学到的知识，也可以激励孩子不断地提升自己的能力和水平，让自己看起来越来越像老师。细心的父母会发现，在让孩子坚持当一段时间老师之后，孩子的学习态度会发生根本性的改变，孩子的学习热情也会空前高涨。也许有的父母会质疑这个办法的作用，那么不妨亲自去尝试一下，一定会有喜出望外的发现。

到了小学高年级，悦悦在英语学习方面相对落后，觉得困难重重。为了帮助悦悦改善学习的状况，妈妈想出很多办法，或者给悦悦报名参加英语补习班，或者给悦悦准备英语的音频资料，让悦悦多多听英语。然而，这些方法都收效甚微，悦悦甚至开始抵触学习英语。

如何才能激发悦悦对英语的学习兴趣呢？妈妈思来想去，决定请悦悦当自己的英语老师。这天晚上，吃完晚饭之后，妈妈一本正经对悦悦说："悦悦，你知道的，妈妈从小没有学过英语，因而很想学习英语。你能不能当我的老师呢？"听到妈妈这么说，悦悦一开始很为难："但是妈妈，我的英语水平也不高，恐怕没有资格当老师啊！"妈妈说："也许让你当别人的老师是很困难的，但是对于我这样零基础的英语盲而言，我觉得你应该可以。"悦悦高兴地笑起来，说："也是啊，的确你是个英语盲，我可以先教你最简单的ABC。"妈妈趁热打铁，赶紧落实此事，对悦悦说："好的，那咱们就说定了。你当我的老师，我每个月付给你100元学费。前

提是，你必须每次上英语课之后，都要把当堂课学习到的内容教给妈妈，而且保证把妈妈教会。"看起来，这也很简单，悦悦思考片刻，就答应了妈妈的请求。悦悦当即就去准备给妈妈上课的东西，又跑过来问妈妈："妈妈，那你以后怎么称呼我呢？"妈妈笑起来，指着悦悦的鼻子说："上课的时候，我就称呼你悦悦老师，如何？"悦悦高兴地笑了。

此后，为了教好妈妈，每节英语课之前，悦悦都要认真地复习；在上英语课的过程中，悦悦也非常认真听讲，而且一旦遇到不会的内容，下课之后马上就追着老师问，并且还把学习到的知识认真细致地记到本子上。悦悦不得不承认，妈妈是个非常努力的学生，而且学习能力很强，有的时候，妈妈在课堂上提出的一些细致问题，连悦悦这个老师都不知道呢。为此，悦悦还得把问题记下来，次日去学校问老师，然后再从老师那里把相关知识带回来，教给妈妈。为了保证教会妈妈，悦悦还要讲究授课的方式方法，常常要在给妈妈上课之前，先抽出10分钟的时间备课，从而使得上课的时候讲述内容有条理。对于悦悦的表现，妈妈非常满意。经过半年的学习后，妈妈的英语彻底扫盲，而悦悦的英语成绩也有了很大的提升。

过年的时候，妈妈除了给悦悦一个红包作为压岁钱，还单独包了一个红包给悦悦，说是作为对悦悦老师工作尽心尽责的奖励和感谢。悦悦对于当老师更有兴趣了。

在这个事例中，悦悦原本对于英语学习很发愁，因为她不喜欢英语，也不愿意花费更多的时间和精力学好英语。后来，妈妈主动申请向悦悦学习英语，让悦悦意识到自己肩膀上沉甸甸的担子。为此，悦悦为了成为合格的老师，不得不在上课之前预习，从而保证上课认真听讲，又在上课之后及时解决难题，还要在妈妈提出问题之后再去求教老师，从而成了一个现学现卖的老师。这样一来，此前学习英语三心二意、马马虎虎的悦悦，如今相当于把同样的英语知识学习巩固了三遍之多。可想而知悦悦对于英语的学习多么扎实，也在短时间内快速提升了自己的英语学习成绩。为了激励悦悦，妈妈还给悦悦支付一定的学习费用，在过年的时候更是细心地给悦悦包红包，从而最大限度地激励悦悦，也让悦悦始终保持当老师的热情，更让悦悦产生通过劳动获取报酬的成就感。这样一来，悦悦才能继续坚持当好妈妈的小老师，也逐渐领悟到认真学习的乐趣。

需要注意的是，要想让孩子切实感受到当老师的乐趣，父母就要全身心投入到当好学生的状态中，从而才能假戏真做，或者把假戏做成真戏。当然，父母作为学生，为了给孩子树立榜样作用，最好也要遵循课前预习、课上认真听讲、课后认真复习的节奏，从而促进孩子也按部就班，把学习成绩提高，把知识牢固掌握。

让孩子当小老师，不但有助于提升孩子的学习兴趣，增强孩子对于学习的积极性，也有助于引导孩子掌握学习的方法，享受掌握知识的优越感和乐趣。这样一来，孩子必然信心百倍，兴趣十足。当然，很多父母会以工作忙，没时间陪着孩子过家家为由，淘汰这个方法。实际上，对于孩子的教育而言，只要能起到良好的效果，一切的付出都是值得的，父母不要以为只给孩子提供丰厚的物质条件和经济基础，就能帮助孩子健康快乐成长，更要意识到父母的陪伴是孩子成长的最佳养料，可以卓有成效地引导孩子在成长的道路上不断进步，坚持奋斗。

第11章
金钱教育不可忽视，越早养成好的金钱观念越早受益

很多父母都不愿意过早地和孩子谈钱，觉得让孩子认识钱，知道钱对生活非常重要，会对孩子的成长起到负面作用。实际上，金钱教育进行得越早越好，孩子唯有形成正确的金钱观念，才能学会与钱打交道，也才能把金钱摆在正确的位置。

钱不是万能的，没有钱是万万不能的

钱是什么？古代社会，很多先哲视金钱为粪土，现代社会，很多人对于金钱看得特别重要。实际上，不管是把钱看得太重还是太轻，都不符合现代社会生活的本质，都会给人带来很多困扰。我们必须记住，钱不是万能的，没有钱是万万不能的，作为父母在对孩子传授金钱观念的时候，也一定要把握好合适的度，对金钱做出准确区分，才能让金钱最大限度发挥作用，给人的生活带来积极的意义。

孩子在六七岁时，会对金钱非常敏感，他们很关心家里有没有钱，也非常关心父母是否有足够的金钱为他们购买更多的玩具、美食。对于孩子的敏感表现，父母不要刻意回避，而是应该顺水推舟，借此机会帮助孩子树立金钱意识，让孩子对于金钱有更深刻的了解和认识。唯有因势利导，父母才能引导孩子建立正确的金钱观；唯有适度引导，父母才能避免孩子过度重视金钱，甚至唯利是图。然而，正如人们常说的，钱不是万能的，这要求孩子认识到在金钱之外还有很多重要的东西需要去坚持；没有钱是万万不能的，是因为现代社会中生存如果缺乏金钱的支撑，很容易导致处处碰壁，不管想做什么事情都无法顺利推进。所以如果父母总是对孩子闭口不谈金钱，孩子长大成人之后很难顺利地融入社会，也无法对金钱有正确的认知和适度的追求。反之，如果孩子过度崇拜金钱、追求金钱，又会导致孩子把生命的意义理解偏颇，总觉得唯有有钱，才是人生的终极

目的。

对于金钱的欲望,需要孩子认真去把握和协调。从某种意义上而言,对于金钱的欲望会激励孩子勇往直前,让孩子对于生命表现出更多的动力和更强劲的追求。如果孩子超然物外,对于金钱丝毫也不敢心动,则孩子很容易陷入困顿的人生局面,对于很多事情缺乏激情,也毫无动力。当然,孩子同样不能被金钱的欲望所驱使,而要在生命之中坚持自己的目标和追求。唯有适度追求金钱,建立正确的金钱观,孩子在利用金钱为自己的人生添砖加瓦的时候,才会更加理性,更加卓有成效。

父母对于孩子的金钱教育应该尽早。例如在孩子3岁对钱感兴趣的时候,就教会孩子认识硬币和纸币。等到孩子5岁前后,父母可以在去超市等地方消费的时候,把购买小物品的任务交给孩子去完成,让孩子亲身感受如何用金钱为自己换取更多需要的东西。随着年纪的不断增长,父母还可以教育孩子学会储蓄,或者通过劳动换取报酬,改善生活,最终让孩子可以通过计划合理使用金钱,从而让金钱为自己的生活所服务。必要的情况下,如果父母懂得理财,还可以交给相对较大的孩子一些理财的知识,让孩子通过以钱生钱的方式,让自己拥有更多的资本。总而言之,孩子并非生而就认识钱,更无法理所当然地合理支配金钱。父母要更加理性地引导孩子,帮助孩子形成正确的金钱观,也让孩子知道如何追求金钱,如何通过金钱改善自己的生活,这样孩子才会成为金钱的主宰,而不会被金钱所驱使。

需要注意的是,现代社会大多数孩子都是独生子女,他们从小就被父母呵护和宠爱,不管有什么心愿,也总是能够得到满足。在这种情况下,孩子难免误以为家里原本就有很多钱,而根本意识不到所有的钱都是爸爸妈妈努力辛苦地工作换来的。为此,很多孩子也都不知道如何节约金钱,

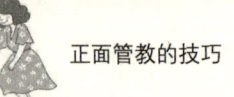

更不懂得体谅父母的辛苦。那么即使对于年幼的孩子，爸爸妈妈也要告诉他们：家里的每一分钱都是爸爸妈妈努力工作才挣到的，绝不是无缘无故就存在家里的。

除了传统的方式之外，父母还可以和孩子一起玩游戏，在游戏的过程中孩子对于钱的感知会越来越明确，对于金钱的概念也会更加清晰。当然，孩子的成长每时每刻都在进行，作为父母也要与时俱进，才能有的放矢地针对不同年龄段的孩子，给予孩子积极有效的引导和教育。

让孩子知道钱的来路

如今，有太多的孩子在衣食无忧的环境里成长，也有太多的孩子不知道生活的疾苦。等到他们长大成人，失去父母的庇护和照顾，面对残酷的现实世界，他们还能过上顺遂如意的生活吗？当然不能。作为父母，固然愿意对孩子付出所有的爱，同时也希望孩子对于父母的辛苦和付出能有一定的了解。为此，父母就要从小灌输给孩子生活不易的观点，尤其是在孩子表现出对于金钱毫无节约意识的情况下，要有计划地告诉孩子金钱是如何赚取的，甚至还可以让孩子亲身感受赚钱的不易，这样一来，孩子才不会花钱如流水，也不会误以为家里的钱都是毫不费力就能得到的。

现实生活中，很多父母都不愿意告诉孩子钱的来路，也不会主动和孩子提及关于金钱的话题，实际上，这是非常错误的行为。若孩子没有金钱意识，他们就不知道父母如何辛苦赚钱供养他们，也不知道感恩父母。为此，甚至有些孩子对父母索求无度，只希望能够得到父母无休止地付出。随着孩子渐渐长大，当父母的爱有所保留，孩子马上就会感到愤怒，甚至

第11章 金钱教育不可忽视，越早养成好的金钱观念越早受益

对父母产生憎恨。不得不说，这些白眼狼式的孩子，并非是天生无情无义，而更多的是因为他们的爱没有得到启迪和引导。从这个意义上而言，父母除了爱孩子，更要培养孩子优秀的品质，才能让孩子学会感恩、学会回报。

在每一个家庭里，金钱都不是平白无故获得的。作为父母，必须非常努力辛苦地工作，才能赚取一定量的金钱，保证孩子的基本生理需求得到满足。有人说，要穷养儿子富养女儿，实际上不管是儿子还是女儿，都需要父母付出有限度的爱，最好能够穷养。如果父母毫无限度地满足孩子各种过分的需求，导致孩子无形中把父母当成取款机，那么孩子就会对父母索求无度，反而不知道感恩。

黄芯5岁了，正在读幼儿园中班，是家里的独生女，爸爸妈妈总是把所有好吃的好喝的都留给黄芯，不管她有什么需求，爸爸妈妈都会马上满足她。

有一次，黄芯的幼儿园里要交一笔费用，妈妈身上正好没有现金了。在去银行的路上，黄芯突然问妈妈："妈妈，你的卡里有很多钱，对不对？"妈妈笑起来，说："你怎么这么问呢？"黄芯说："每个人家里都有卡，如果没有钱了，就去卡上取。"听到黄芯的话，妈妈为黄芯的单纯而感动，也意识到该告诉黄芯钱的来路了。为此，妈妈语重心长对黄芯说："芯芯，妈妈的银行卡上的确有钱，不过也没有很多。银行卡上的钱不是白白得到的，是妈妈辛苦工作一个月，到了发工资的日子，老板才发到妈妈卡里的。"黄芯很疑惑："那么，如果妈妈不工作呢？"妈妈回答："如果不工作，老板就不会给妈妈发工资，这样幼儿园需要交钱的时候，妈妈也就没有钱交。"黄芯很担忧："妈妈，你会一直工作吗？"妈妈想了想，说："在芯芯小的时候，妈妈会一直工作，挣钱给芯芯花。等到芯芯长大了，妈妈也老了，就没有力气工作了，那么就要芯芯工作，挣钱给妈妈花。"听了妈妈的话，黄芯这才放下心来，也开始心疼妈妈，伸出小手握着妈妈的手，说："妈妈放心吧，我会努力长大的。"

在这个事例中，才5岁的黄芯对于钱很敏感，她也许经常看到妈妈从银行卡上取钱，所以误以为只要家里没钱，去银行取钱即可。她不知道，妈妈必须努力工作，才能挣到钱。幸好妈妈及时对黄芯展开金钱教育，让黄芯明白只有努力工作才能换取报酬，也让黄芯安心：妈妈会一直工作，直到抚养她长大。其实，妈妈的话还有一个作用，那就是让黄芯知道父母对孩子的爱，与孩子对父母的照顾和回馈，都是相互的。也许黄芯现在还不能理解何为孝敬，但是随着她不断成长，思维能力会越来越强，最终会意识到自己也要很努力，才能回报父母的养育之恩。

很多孩子没有购物的经验，往往无法意识到金钱的重要性。为了加深孩子对于金钱的了解，父母可以引导孩子认识金钱的意义，让孩子亲身体验到金钱可以购买很多东西，然后再告诉孩子家里的金钱都是父母辛苦工作挣来的，从而让孩子正确认识金钱的来路，也渐渐地养成勤俭节约的习惯。正如一位伟大的哲学家所说的，每一位父母都有义务告诉孩子金钱的来路，以及父母是如何努力辛苦，才让全家人过上现在的生活。父母坚持这么去做，不但能够培养孩子的金钱意识，而且能够让孩子形成正确的金钱观，也有更加强劲的动力支撑自己不断努力向上，奋斗不息。

给孩子提供机会，让孩子感受挣钱的艰难

常言道，言传不如身教，的确如此。父母哪怕一次次地告诉孩子金钱

得来不易，孩子也无法对金钱的重要性有深刻的认识。在这种情况下，与其反复地教育孩子，灌输给孩子金钱观念，不如向孩子提供机会，从而让孩子切身感受到挣钱的艰难。唯有如此，孩子才能真正认识到金钱的来之不易，也知道在现实生活中如果没有钱将会寸步难行，如此一来，孩子就会知道金钱的重要性，也会渐渐形成节约金钱的意识，便不会再拿着父母的钱肆意挥霍了。

在传统观念的影响下，很多父母一旦听说孩子要挣钱，总是对孩子当头棒喝："你的任务是学习，只要学习好，将来还怕挣不到钱吗？你不要现在就一门心思想着挣钱，现在的你还太小，既挣不到钱，也会因此耽误学习，更加得不偿失！"在父母的全力劝说之下，很多孩子马上就会打消挣钱的念头，像父母所说的那样去努力学习。然而，父母可曾听过这样的假设呢？很多人都说大学生如果能在上完大二之后，就去参加社会实践，在意识到社会竞争的残酷和激烈之后，再回到学校读大三大四，则学习效率一定会大大提升，他们会因为意识到学习的重要性而拼尽全力去学习。这是因为很多大学生都不觉得学习是紧迫的任务，因而常常对自己采取放纵的态度。而等到在社会上体会到生存艰难，他们自然会从被动学习转化为主动学习，这样学习就会事半功倍。对于孩子而言，养成正确的金钱意识何尝不是如此呢？孩子在衣食无忧的情况下，往往不会珍惜金钱。但是他们亲自去通过劳动换取酬劳时，就会亲身体验到金钱的得来不易，也就能主动节约金钱。所以当父母对孩子灌输金钱观念的效果不好时，不如给孩子提供挣钱的机会，从禁止孩子只想着挣钱，到积极鼓励孩子努力挣钱，看起来态度一百八十度大转弯，实际上却能让孩子有更好的成长，也激励孩子积极主动地认知金钱、珍惜金钱、看重金钱。

乐乐曾经对挣钱很感兴趣，常常想一些挣钱的点子。但是每当这时，

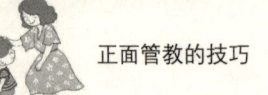

爸爸妈妈都会打消乐乐挣钱的念头，而让乐乐以学习为主。渐渐地，乐乐对于金钱也就采取漠视的态度，认为反正爸爸妈妈会为他准备好一切生活和学习的必需品，根本不需要他过分操心。后来，爸爸妈妈发现乐乐不把钱放在心上，对于金钱完全持无所谓的态度。尤其是在看到乐乐毫不心疼地浪费钱时，爸爸妈妈才意识到乐乐对于金钱毫无概念，应该马上对乐乐弥补金钱观的教育。

思来想去，爸爸妈妈决定让乐乐亲自去挣钱，体会挣钱的辛苦。爸爸建议乐乐："这个周末，我和你一起参加报社里卖报纸的活动，好不好？"其实，乐乐早就想和报社里的同学们一起去玄武湖卖报纸了，为此，他一蹦三尺高，当时表示赞同。周末，乐乐早早起床，赶到卖报纸的地方焦急地等待着。很快，报社的老师带来了报纸，乐乐和同学们都以每份1元钱的价格把报纸买下来，然后再去景区里叫卖，每份报纸可以卖到2元钱。一开始，乐乐觉得每份报纸可以挣1元钱，挣钱也没有那么难，但是当他在景区里询问很多游客，也没有人愿意买报纸的时候，他不由得发愁起来：我什么时候才能卖出去一份报纸呢？乐乐很着急，更加卖力地叫卖。又过了很久，乐乐才卖出去一份报纸，挣到生平的第一块钱。整整一个上午，大概3个小时的时间里，乐乐围绕着景区走了好几圈，一共推销出去十几份报纸，挣到十几块钱。活动结束，在回家的路上，妈妈问乐乐："乐乐，咱们吃块冰棒吗？"乐乐摇摇头，说："我可以请你吃一块，我自己就不吃了。"妈妈很惊讶："你不是最喜欢吃冰棒了吗？"乐乐说："我一个上午才挣到十几块钱，一根冰棒就要3块钱，太贵了。"妈妈听到儿子精打细算，觉得很欣慰。

对于年幼的孩子而言，在父母的监管下卖报纸，或者在家里从事力所能及的家务活儿，都是不错的选择。不过相比起从父母那里挣钱，挣到陌

生人的钱是更难的。总而言之，目的就是让孩子知道挣钱很辛苦，有的时候努力了也未必能够如愿以偿地挣到钱，还有可能遭到别人的白眼，或者被别人批评。

实际上，在西方国家，很多父母都在孩子很小的时候就向孩子灌输金钱意识。这样一来，孩子看似把钱看得比较重，实际上他们对于金钱有欲望，也能够因为珍惜金钱而合理支配金钱。古人云，君子爱财，取之有道。对于孩子而言，只要从正道上追求金钱，而不是盲目地浪费金钱，就是值得赞许的。

明智的父母要多多为孩子创造挣钱的机会，让孩子意识到父母挣到的每一分钱，甚至比他们挣钱更加辛苦和劳累。有些父母因为担心孩子吃苦，就总是溺爱和纵容孩子，殊不知，父母再爱孩子也不可能永远照顾和庇护孩子，唯有教会孩子独立生存，让孩子能够从容地面对生活，才是真正对孩子负责任的态度和做法。随着孩子渐渐成长，父母对孩子的金钱教育也应该与时俱进，从而让孩子具备一定的理财能力，也让孩子真正地把金钱盘活，学会以钱生钱，学会理财和投资，这对于孩子的一生都将起到积极的推动作用。

帮助孩子养成储蓄意识

很多年轻人在初入社会的时候，虽然能赚到钱养活自己，却每个月都把赚到的钱完全挥霍干净，成为不折不扣的"月光族"，甚至成为负债累累的"负翁"。不得不说，这样的消费习惯是非常糟糕的，因为每个人要想得到发展，就要学会积累原始资金，否则如果空有才华，却没有原始资金可以启动梦想,那么一切也就变成空谈。

为了帮助孩子从小就养成储蓄意识和储蓄习惯,父母不妨送给孩子一个储蓄罐,让孩子把平日里积攒的零花钱放在储蓄罐里,渐渐地也能积少成多,拥有更多金钱。此外,如今很多孩子都有大量的压岁钱,父母还可以为孩子开一个储蓄账户,从而让孩子把钱存入储蓄账户,渐渐地,孩子不断地积累金钱,甚至还会有一大笔金额。很多父母对于让孩子储蓄的事情不以为然,总觉得孩子能有多少钱,还要存到银行,简直太费劲。实际上,对于孩子而言,最重要的不是能够储蓄多少钱,而是要建立储蓄意识,从而形成储蓄的好习惯。

此外,在教养孩子的过程中,父母还要留意到,很多孩子索求无度,父母越无条件满足他们的需求,他们越会无限度地提出要求。不得不说,这样的孩子已经陷入欲望的深渊无法自拔。作为父母,不要总是无条件满足孩子,而是应该学会拒绝孩子,让孩子意识到并非所有的要求都会得到满足。渐渐地,孩子才会具备更强的自控力,也才能成为欲望的主人,主宰和驾驭欲望。

乐乐非常节俭,很少乱花钱。这都是因为乐乐有一个大大的储蓄罐,每当有了零花钱的时候,乐乐就会把钱投入到储蓄罐里,从而聚少成多。感受着储蓄罐的重量越来越重,乐乐的心里也乐开了花。后来,乐乐还主动要求妈妈帮助他开一个银行账户,妈妈也答应了。从此之后,乐乐把压岁钱都存入银行账户,看着账户里的钱变得多起来,他还向妈妈请教理财的事情呢!

所谓你不理财,财不理你。妈妈很擅长理财,发现乐乐的账户有好几千块钱时,妈妈建议乐乐购买一个投资收益稳定的产品,乐乐采纳了妈妈的建议。等待了漫长的6个月,乐乐的理财产品到期了。这个时候,乐乐看

着几十块钱的利息,高兴得合不拢嘴。对于乐乐而言,这就像是有一只鸡在下蛋,虽然收益不多,但好歹是以钱生钱,让乐乐非常兴奋和满足。

后来,国家有个地方发地震,全校师生募集捐款,大多数孩子都只捐了一二十块钱,乐乐却从银行卡里取出200元捐献给灾区。老师看到乐乐捐款的数额这么大,惊讶地问:"乐乐,你捐款这么多,你爸妈知道吗?他们同意吗?"乐乐骄傲地说:"这是我的存款,我有权合理安排和支配,爸爸妈妈都不会干涉我的。"看到乐乐有这么多存款,又听乐乐讲述了储蓄的经验,老师当即号召全班同学也和乐乐一样,合理储蓄,合理消费,成为理财达人。

如今,很少有孩子有储蓄意识,这是因为他们从小就在父母的呵护下成长,完全无忧无虑,也从来不为生活发愁。等到渐渐成长,孩子离开父母的庇护,独立生活,这才发现自己完全是"月光",或者是"负翁",没有丝毫对抗风险的能力,这个时候孩子才会抓狂,然而一时之间要想把储蓄、理财的事情做好,也是不可能的。

对于孩子而言,要想拥有更加成功的人生,只有知识、能力、金钱,这都是不够的。最重要的是,还要有理财的能力,才能在辛苦挣钱的同时玩转金钱,也才能以理财的方式让自己收获更多。毋庸置疑,孩子的自控力是很差的,很多孩子在面对物质的诱惑时,往往无法自控,只想得到更多的物质。殊不知,金钱是作为货币流通的,而物质却位于消费终端,无法再实现流通。因而父母要想让孩子拥有健康的金钱观,让孩子学会攒钱,积累原始资金,就要让孩子学会理财,以钱生钱,这样才能让孩子成为高财商的理财能手,也让孩子拥有更美好的未来和人生。

引导孩子合理安排有限的金钱

在父母提供的衣食无忧的生活中，很多孩子误以为金钱是取之不尽、用之不竭的，为此他们丝毫没有节约金钱的意识，只知道没钱了就找父母索要，没钱了还可以让父母去挣钱。当孩子对父母索求无度，父母就会变得非常被动。孩子小时候，父母可以对孩子无私地付出，但随着孩子渐渐长大，父母也一天天老去，便无法继续无限地满足孩子的所有欲望了。在这种情况下，父母又该怎么做呢？毫无疑问，欲望是无底的深渊，随着欲望越来越强烈，孩子对于金钱的需求也会越来越大。作为父母要想让孩子驾驭金钱、主宰金钱，而不要被金钱驱使，就应该在孩子小时候就培养孩子的金钱观，帮助孩子树立正确的金钱意识。

父母尤其要告诉孩子的是，好钢用在刀刃上，有限的金钱也要用在正确的地方，唯有如此，每一分钱才能最大限度地发挥力量，也为生活创造更美好的结果。遗憾的是，因为父母的宠爱，因为祖辈的疼爱，很多孩子有来钱的途径，也因此养成了花钱无度的坏习惯。他们不但花钱没有限度，而且花钱丝毫没有计划。长此以往，他们尽管拥有金钱，实际上却完全不知道把钱花在哪里才是正确的，更不知道自己如何做才能让金钱发挥最大效用。

善于理财的人都知道，不能把所有鸡蛋都放在同一个筐子里。实际上，这样的理财观念也应该告诉孩子，这样孩子才能合理安排金钱，适度计划金钱，并且保障消费和储蓄，也可以有更多的钱用于理财。要想让孩子计划金钱，合理安排金钱，父母首先要让孩子意识到钱是有限的，或者还可以让孩子感受到缺钱、没有钱的痛苦。一分钱难倒英雄汉，当孩子认识这个道理，他们就不会挥霍无度。

第 11 章　金钱教育不可忽视，越早养成好的金钱观念越早受益

从现实的角度而言，带着孩子去超市，让孩子亲自购物，对于孩子学会算账是很有好处的。当然，前提是孩子要对钱的规划做到心中有数，从而限定自己去超市之后只能消费多少钱，这样才能帮助孩子进行取舍，让孩子知道有些钱是可以花的，有些钱是不值得花的。当孩子渐渐长大，父母尽管有义务照顾和抚养孩子，也可以让孩子记载每天吃喝拉撒、衣食住行的开销，这样孩子才能对于自己的生活成本做到心中有数。

每年到了春节，小杰都会收到好几千元的压岁钱。一开始，父母没有对小杰的压岁钱进行监管，小杰在拿到钱之后总是肆意挥霍，或者和兄弟姐妹一起买玩具，或者和同学朋友去游乐场玩，总而言之，小杰觉得这笔钱就像是飞来横财一样，因而对这笔钱完全不知道珍惜。

有一年春节，小杰才刚刚把压岁钱花完，看到有个同学买了一辆山地车，马上就怦然心动，也想买一辆山地车。对于小杰买山地车的请求，妈妈不以为然："那你就用压岁钱买吧。"小杰语结："我的压岁钱，已经花完了……"妈妈瞪大眼睛，难以置信地问："花完了？这才刚刚过完正月十五，你可是有大几千的压岁钱呢！"小杰一声不吭，始终低着头。他太想要一辆山地车了，但是妈妈却追问他到底把钱都花到哪里去了。最终，在小杰的死缠烂打之后，妈妈同意借钱给小杰，让小杰买山地车，但是前提是要计算利息，而且一年到期必须偿还。在这一年的时间里，小杰时不时地还需要买玩具、买文具，总是向妈妈要钱。当又一个新年来临时，妈妈规定小杰："你必须制订压岁钱计划，未来的一年我不会给你钱买文具、玩具，你的压岁钱要能够支撑你一年的开销。"小杰看到妈妈说得认真，也心疼自己还得还妈妈借给他买山地车的钱，因而在妈妈的指导下踏踏实实地制订了金钱计划，不但列出了每一项开销，而且还专门留出一部分钱来进行储蓄。这样一来，小杰再也不乱花钱了。

很多孩子之所以缺乏金钱意识，总是肆意挥霍金钱，完全是父母疏于管教导致的。孩子的自控力比较差，对于金钱的认识也不够深刻，为此，爸爸妈妈一定要更加理性地监管孩子，也要合理适度地引导孩子，这样才能帮助孩子形成正确的金钱观，也让孩子学会合理规划和安排金钱，把每一分钱都用到该用的地方，也让每一分钱都起到积极有效的作用。

精打细算的目的是什么呢？在现代社会，人们很容易受到各种诱惑，每个人对于金钱的消费完全没有标准可以衡量。例如，有些有钱人，随随便便买个包就要好几万元，但是对于普通人而言，这好几万元是他们一年甚至两年的生活费。固然，每个人都想用好包，但是却要做到看菜吃饭，量体裁衣，而不能盲目追求高消费。父母教会孩子理财，让孩子知道金钱是有限的，必须合理安排和规划，才能兼顾生活的方方面面，目的就在于督促孩子适度消费，根据自己的经济水平选择消费层次。

很多孩子有了钱就挥霍，没有钱就索要，这完全是因为他们不懂得合理安排和分配金钱导致的。父母可以引导孩子制定一个收支平衡表，从而让孩子知道他们能够收入多少，又需要在哪些方面支出多少，渐渐地，孩子就会学会规划。没有孩子一出生就是理财大师，包括父母在内，独立开始生活，也需要不断地通过实践摸索，才能最大限度地发挥金钱的作用和效用。改善生活，提升生活的档次，都要从合理规划金钱开始做起。

勤俭节约，让贫穷激励孩子节俭

每一对饱尝生活艰辛的父母，都知道挣钱是很难的，为此他们养成勤俭节约的习惯，不管是赚多钱还是赚少钱，从来不会肆意挥霍金钱。然

而，父母对孩子的爱总是深沉的，为了更好地爱孩子，大多数父母都舍得把自己省吃俭用节省下来的钱花在孩子身上。渐渐地，孩子反而变得大手大脚，花钱如流水。尤其是在很多独生子女家庭里，父母总觉得自己所挣的一切都是为了孩子，因而无限度地满足孩子的需求和欲望，导致孩子习惯了骄纵的生活，无法反省自己的浪费和奢侈。不得不说，有这样的孩子，对于父母就是一场噩梦。最可悲的是，不仅有钱人家的孩子如此，很多穷人家的孩子也是如此，这是为什么呢？原因就是父母的溺爱和骄纵。

有人曾经说过，一个人赚到1元钱，未必真的有1元钱。而只有真正节省下来1元钱，这个人才真的拥有1元钱。的确如此，这句话为我们揭示了勤俭节约的重要性。尤其是对于孩子而言，他们总是花着父母辛辛苦苦挣来的钱，因而无法体会挣钱的辛苦。那么如果能够做到节约，则孩子把父母给他们花的钱省下来，就能把钱变成真正属于自己的钱。很多孩子都无法理解勤俭节约的道理，所以才会对父母的辛苦付出不知道感恩。由此可见，帮助孩子形成勤俭节约的意识，养成勤俭节约的习惯，对于孩子而言至关重要。

对于每一个人开说，开源与节流要同步进行，才能取得良好的效果。否则，一个人哪怕挣钱很多，但是却不懂得节省，而把挣到钱的都挥霍了，那么他也就无法积攒资金，更无法让自己的人生因为金钱的积累得到更多的机会，实现质的飞越。当然，也要避免片面理解勤俭节约，包括父母本身，也要正确理解勤俭节约的意义。在很多人的心中，觉得花钱多就是浪费，花钱少就是节约，实际上勤俭节约的本质不在于花钱的绝对值，而在于花钱的性价比。再多的钱，只要花得值得，是该花的钱，就不是浪费；再少的钱，如果是不该花的钱，钱花了之后也起不到任何的效果，就是浪费。由此可见，勤俭节约的目的在于把钱花到刀刃上，而不是一味地

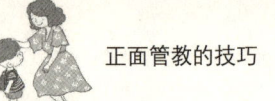

节省钱。

现代社会中，很多孩子都不知不觉中沾染了攀比的坏习惯。他们看到同学穿名牌，自己也要求穿名牌；他们看到同学高消费，自己也想高消费。这样盲目跟风，不顾自身的情况就和他人攀比，无疑是非常糟糕的。此外还需要注意的是，父母是孩子的第一任老师，父母的言行举止往往会对孩子起到很大的影响作用。作为父母，如果在日常生活中花起钱来总是大手大脚，那么孩子也会大手大脚。反之，作为父母如果勤俭节约，奉行开源节流的原则，就会潜移默化影响孩子，让孩子也节约金钱。

当孩子小的时候，父母可以带着孩子去购物，或者让孩子把钱交给收银员，让孩子亲身感受到金钱可以换来很多生活的必需品，也知道金钱是流通的，总是处于消耗的状态之中。买东西的时候，父母还可以有意识地讨价还价，从而让孩子知道讨价还价才能买到更多更好的东西，也才能节约金钱。此外，为了让金钱的消费更值得，父母还要教会孩子看产品的生产日期、保质期等，从而让孩子最终学会货比三家，花同样的钱，购买性价比最高的产品。父母必须意识到，对于孩子而言，勤俭节约将会是他们一生受用的美好品质，如果孩子总是浪费成性，则在未来的成长过程中常常会因为浪费而导致资源消耗。

为了让孩子切身感受到缺乏金钱的寸步难行，父母还可以有意识地切断孩子的经济来源，不给孩子零花钱，或者放纵孩子浪费钱，然后让孩子感受到没有钱的痛苦。如此一来，孩子当然会更加深刻地意识到金钱的重要性，在未来的日子里，也会积极主动地节约金钱，积攒金钱，从而避免被金钱困顿的情况再次发生。

总而言之，在对孩子的教育中，父母一定要尽早向孩子灌输金钱意识和观念，唯有如此，孩子才能从小养成正确的金钱观，也形成勤俭节约的

好习惯，从而把钱运用得恰到好处，也让钱发挥该有的作用，为孩子的成长奠定良好的基础。

不仇富，让孩子接受贫富差距

这个世界从来就不是公平的，有的孩子出生在富裕的家庭里，一出生就含着金汤匙，从来不为金钱发愁。有的孩子出生在贫穷的家庭里，从出生之后就和父母过着苦日子，为一分钱发愁，为生活的艰难所迫。在这种情况下，是顺应天命，逆来顺受，还是愤然崛起，努力地改变命运，抑或是每天都在诅咒有钱人，恨他们少数人占有了大部分的财富呢？当然是选择努力奋斗，从而改变命运。毫无疑问，顺应天命，只会让孩子更加消极对待人生，而仇恨富人，还会让孩子完全偏移生活的重点，甚至会陷入无法摆脱的魔咒之中。

影片《药神》中，我们看到很多穷人因为贫穷吃不起正版药，强烈的求生欲望让他们想方设法买仿制药，甚至还因此被别有用心的坏人欺骗，买到了假药。在影片中，张长林是个骗病人钱的坏人，但是他说的一句话却引发人们深思——这个世界上有一种是治不了的，那就是穷病。穷病是一种什么病？一直以来，人们都以为穷是一种生活的状态，从何时开始，穷变成了一种比绝症更可怕的病。在贫穷的疾病折磨下，人的自尊心被磨灭，求生欲望却不断驱使着人们做出过激的举动。如果有钱就好了，人人都可以吃正版药，而不用吃仿制药。就像看光碟，人人都可以买正版光碟，而不用买盗版光碟。然而，这个世界上没有那么多如果，现实总是残酷的，让人感受到打脸的痛苦。

看完影片，很多人会诅咒那些把药品定为天价的药厂，觉得是药厂太贪婪，所以才会把药品价格定得这么高。还有人会诅咒可恶的骗子张长林，是张长林抓住穷人想活命的思想，欺骗穷人。也有人把矛头指向社会制度，觉得是社会制度的不完善，才导致这么多人吃不起救命的药。然而，我们却要思考：问题的根源到底在哪里？问题的根源在于，我们要努力地改变命运，让自己不再贫穷，而不是因为富人吃得起正版药就仇视富人。很多父母都带着孩子去看这部影片，何不让孩子更加全面地认识贫富差距的问题呢？就像很多有钱人日日海参鲍鱼，而穷人连鸡蛋都吃不起，在市场经济时代，药品也是一种消费品，药厂也要收回研制药品的成本。

固然社会体制也有需要完善的地方，药厂的确也制定了天价药费，但是当我们无力去指责任何一方的时候，不如调整好心态，从现实着手，激励自己不断进步，坚持奋斗，从而才能卓有成效地改变命运，也让现实带我们回归到生命的本质。

在帮助孩子建立金钱观的同时，作为父母，不管我们的家里是贫穷还是富裕，都不要盲目地引导孩子仇视富人。否则，这就像是给孩子的心里扎入一根刺，让孩子感到寝食难安，无法安心。明智的父母首先自己会正视社会上贫富差距巨大的现象，其次也会引导孩子正面面对和理性接受贫富差距巨大的社会现状。记住，这个世界上既没有天上掉馅饼的好事，也没有人仅凭着诅咒他人就获得自己想要的命运，既然如此，何不把宝贵的时间和精力都用于把握命运、充实人生呢？

第 12 章

给孩子足够的宽容，让他们敢自由去认知世界

很多父母一旦发现孩子犯错，原本的父慈母爱马上就会变成鸡飞狗跳，家里更是成为没有硝烟的战场，父母统一战线，一致对着孩子开火。父母不知道，孩子的心灵是很脆弱的，他们之所以不能表现得像父母期望的那么优秀，只是因为受到自身身心发展阶段的限制，而并非他们不想变得优秀。此外，孩子的成长原本就是漫长的过程，父母更要耐心等待孩子，让孩子遵循生命的节奏去发展，让孩子带着自由的心去认知世界。

宽容孩子，接纳孩子的错误

人非圣贤，孰能无过。不仅孩子因为能力的局限，常常会犯错误，父母也会因为各种各样的原因犯错误。既然父母不能保证自己绝不犯错误，也就不要强求孩子凡事都要做得尽善尽美。其实，不仅父母会担心孩子犯错误，作为孩子，也同样担心自己犯错误，因为他们害怕无法得到父母的宽容对待，只会遭遇父母声色俱厉的训斥。尤其是父母脾气暴躁的时候，还会动辄打骂孩子，根本无法控制好自己的情绪和脾气。然而，当父母歇斯底里地发泄完自身的情绪，孩子就一定会有所进步吗？实际上，结果总是事与愿违，孩子不但没有进步，反而会在父母不讲究方式方法的训斥中出现行为倒退，甚至故意违背父母的意愿，与父母对着干。当然，也有的孩子被如同疯了一般的父母吓坏了，所以他们会变得更加胆小怯懦，也总是退缩、逃避，最终失去自信，在生活中唯唯诺诺。

很多父母都知道要宽容孩子的道理，然而，他们只是口头上和理智上知道道理而已，等到真正去做的时候，他们总会把事情搞砸，也会因为情绪冲动而对孩子口不择言。不得不说，当父母被愤怒的情绪主宰，当父母对孩子完全失去理性，孩子就像在经历一场噩梦，一定是会感到绝望和恐惧的。每一对父母都希望孩子性格平和，也希望孩子能够成为真正优秀的人才，有本事，也有胆识。那么作为父母，就要以宽容给予孩子自由成长的空间，积极地引导孩子勇敢地面对人生的挫折和磨难，也

第 12 章　给孩子足够的宽容，让他们敢自由去认知世界

以无条件的支持给孩子底气和勇气，让孩子健康快乐地成长。当父母坚定不移地相信孩子，毫无条件地宽容和支持孩子，就会发现孩子有了惊人的改变。

至今为止，乐乐还记得小时候妈妈对自己的宽容。那个时候，乐乐只有7岁，他的妹妹甜甜才刚刚出生几个月。有几天时间，爸爸带着爷爷奶奶去北京旅游，家里只有妈妈带着乐乐和妹妹。有一天晚上，吃完晚饭，妈妈才想起来晾晒在外面的衣服还没有收进来，为此让乐乐看一下妹妹，小心别让妹妹掉到床下。才收拾两件衣服，妈妈就听到"砰"的一声，随即传来甜甜的哭声。妈妈一扭头，看到甜甜掉在床下。妈妈赶紧冲过去抱起甜甜，这个时候，乐乐正在看床边上挂着的日历牌呢。

看到妹妹从床上掉下来，乐乐非常懊悔，马上就哭起来，还在妈妈去抱起妹妹的时候，扇自己的耳光。妈妈看到乐乐的样子也很心疼，对乐乐说："好啦，别打了。妈妈没有怪你啊，不过，下次你再看着妹妹的时候，要等到妈妈回来再去看其他的东西，好吗？"乐乐感动地问妈妈："妈妈，你还会让我看着妹妹吗？"妈妈点点头："当然，你是哥哥啊，妈妈相信你会照顾好妹妹的。"乐乐哭着说："妈妈，你放心，我以后再也不会这么粗心了。"

因为妈妈的宽容，乐乐更加深刻认识到自己的错误，而且当即表态以后再也不会粗心大意。实际上，这就已经起到了效果，也让乐乐主动提升和完善自己的言行举止。很多父母一旦发现孩子犯错，马上就会对孩子厉声呵斥，恨不得采取各种严厉的手段惩罚孩子。实际上，这对于孩子而言并不是最好的教育方式，反而有可能激发起孩子的逆反心理，导致孩子故意与父母对着干。

明智的父母会以尊重孩子为基础，给予孩子更好的引导，也会努力宽

容孩子有心或者无意犯下的错误。当然，父母还要注意区分，宽容不是纵容。宽容是父母知道孩子的错误，也对孩子进行恰到好处的教育，而纵容是父母对于孩子的错误表现视而不见，是故意放纵孩子犯错误。父母的宽容会让孩子主动反思自身的错误，父母的纵容只会让孩子对自己的错误视而不见，也变本加厉。所以父母一定要区分宽容和纵容，也卓有成效地引导孩子改正错误，变得更加完美。

孩子爱顶嘴，也许只是有主见

很多父母都会因为孩子的顶嘴而抓狂，这是因为孩子顶嘴触犯了父母的权威，也会导致父母觉得颜面尽失，由此对孩子做出更加过分和出格的举动。实际上，孩子爱顶嘴，并不是不尊重父母，也不是不把父母的话听到耳朵里，而恰恰是他们有主见的表现。有的父母总是希望孩子对自己绝对服从，甚至把听话作为评判孩子是否好孩子的唯一标准。其实对于孩子而言，听话并不是一种好现象，也许他们小时候会因为听话让父母省心，但是随着渐渐长大，他们却会因为听话而失去主见，完全附和他人，也在减轻生命的分量。

从孩子独立自主的角度来说，父母要宽容孩子顶嘴的行为。虽然孩子顶嘴的确让父母很生气，也感到非常苦恼，但是从另一个侧面看，则意味着孩子思维能力的发展，也意味着孩子不断地成长和成熟起来，所以才能最大限度整理自己的思绪，组织自己的语言。有些孩子不但顶嘴，而且思维敏捷，口才很好。对于父母批评他们的话，如果他们觉得不服气，甚至能在短时间内想出一连串的话反驳父母。在这种情况下，父母与其怀着抵

触的心态对抗孩子，还不如怀着欣赏的态度对待孩子，这样也许就会发现孩子身上的闪光点，也意识到孩子的思维能力很强，口才能力同样令人刮目相看。

对于孩子顶嘴，父母做出的最糟糕的反应，就是因为说不过孩子，或者所说出去的话对于孩子没有起到预期的效果，居然恼羞成怒、猝不及防给孩子几巴掌。这么冲动的后果只有两个：一个是孩子迫于权威而逆来顺受，忍气吞声；二个是孩子受到这样的刺激之后变本加厉，更加与父母对抗。显而易见，这两个结果都是很糟糕的，都不利于孩子的身心健康。作为父母，千万不要把惩罚孩子挂在嘴边，也不要把在孩子面前树立威信的方式寄希望于打骂孩子。好孩子从来不是管出来的，更不是打骂出来的。父母唯有发自内心也尊重孩子，真正地平等对待孩子，才能处理好亲子关系，也才能最大限度打开孩子的心扉，与孩子进行心与心的沟通。

下班回到家里，妈妈路过菜市场买了一条鱼，准备晚上给小雨做糖醋鱼。小雨最爱吃糖醋鱼了，但是，当妈妈让小雨帮忙去楼下的超市买瓶醋的时候，小雨却一连声地表示拒绝："不不，我不去，我不去！"妈妈问小雨："你想不想吃糖醋鱼？"小雨不假思索回答："想！"妈妈继续说："想吃糖醋鱼，就去给我买醋！"小雨坚持说："不不，我不想去买醋。"就这样，平日里很勤快的小雨，不管妈妈怎么说，就是不答应去买醋。

无奈之下，妈妈只好关掉火，自己去买醋。把醋买回来，妈妈很快就烧好了糖醋鱼，小雨正准备动筷子呢，妈妈说："你要是想吃鱼，必须给我一个理由，告诉我你刚才为什么不去买醋。"小雨难为情地说："楼下的超市，是我们班的一个同学家里开的。我每次去买东西，都会碰到那个同学，他学习比我好，我不想总是看见他。我正在加油，我想等到我学习上超过他之后,再去和他比一比。"原来如此。妈妈恍然大悟,理解地对小雨说:"哦,小雨还是很有上进心的。妈妈支持你。"就这样,妈妈和小雨之间再也没有隔阂,高高兴兴地开始吃饭了。

在这个事例中,小雨表现出很强的主见,就是因为小雨不愿意见到那个学习成绩比自己好的同学,也不想在自己的学习成绩没有赶超那个同学之前,去同学家里开的超市买东西。这么一说,妈妈就意识到小雨的自尊心是很强的,也知道必须尊重小雨的意愿,及时鼓励小雨保持进步。

很多父母在传统教育思想的误导下,总觉得孩子就应该对父母言听计从。实际上,孩子小时候因为缺乏主见,也缺乏自我意识,所以很愿意听从父母的安排。但是随着孩子的内心越来越成熟,自我意识越来越强,渐渐地,他们就不愿意再被父母安排,而是想自己为自己的人生做主。父母应该意识到一点,如果孩子连自主决定很多小事情的权利都没有,他们又怎么可能在长大成人之后成为人生的主宰呢?所以父母培养孩子的独立自主意识应该从孩子小时候做起,也应该从生活中点点滴滴的小事做起。唯有如此,父母与孩子之间才能相互尊重,彼此宽容和理解。

当然,如果孩子顶嘴不是为了表达自己的观点,而是以错误的言语甚至是污言秽语表达抗拒,那么父母就要及时对孩子表明态度,告诉孩子:父母可以接受你有不同的态度和意见,但是不能容忍你总是这样肆无忌惮、不懂礼貌,还要告诉孩子如何以礼貌的言语表达自己的观点,从而让孩子知道有主见和放纵感情、不尊重他人完全不是一码事。

悦纳孩子的奇思妙想

很多细心的父母都会发现,在两三岁,孩子的自我意识得以萌芽和发展,孩子从浑然无我的人生状态中摆脱出来,变得更加关注"我"的感受和思想。他们会向父母表达自己内心的所思所想,也会主动向父母解释自己眼睛里的世界。然而,父母在听孩子的奇谈怪论时也未免会感到担忧:"孩子还这么小,怎么想象力就天马行空了呀!"的确,孩子不仅想象力天马行空,而且常常分不清楚想象和现实。不过这些都很正常,因为这恰恰是孩子在两三岁阶段的身心发展特点。作为父母,当发现孩子想象力爆棚的时候,不要试图阻止孩子去想象,而应该尊重孩子的表达,认真倾听孩子的表达。

父母要知道,孩子眼中的世界和成人眼中的世界是截然不同的,如果父母坚持以成人的标准去评判孩子,就会伤害孩子的想象力,也会导致孩子的成长遭到瓶颈和阻碍。孩子的浪漫天真,不仅表现在他们的内心纯真无瑕,也表现在他们的想象力无拘无束。要想成为合格的父母,就要怀有一颗赤子之心,也要能够站在孩子的角度看世界,这样才能与孩子之间产生更多的共鸣,也才能以最佳的角度引导孩子不断成长,持续进步。

举世闻名的发明大王爱迪生一生之中进行了很多项发明创造,很多人误以为爱迪生一定天赋异禀,才能这么成功且优秀,殊不知,爱迪生小时候非但不聪明,而且非常愚笨。才入学没多久,爱迪生就被老师劝退,而老师的理由就是爱迪生的小脑袋瓜子里一天到晚不知道在想什么,总是充满奇思妙想。幸好,爱迪生有一个非常宽容和理解他的妈妈。回到家里之后,妈妈不但全盘接受爱迪生的各种奇思妙想,而且创造各种便利条件让爱迪生进行实验，验证他的奇思妙想。正因为如此，爱迪生才能始终保持对科学发明的热爱和积极性，也最终成为伟大的发明家。

作为一个合格且优秀的父母，除了全方位照顾好孩子之外，还要能够接受孩子的异想天开，保护孩子的奇思妙想。当发现孩子总是胡思乱想的时候，父母要意识到孩子正在对这个世界进行探索，正在不遗余力地想要寻找世界的真相。这个时候，父母是否定和批评孩子，还是赞扬且保护孩子，对于孩子的一生都会起到至关重要的影响作用。另外，父母还要允许孩子探索未知。很多父母因为担心孩子会给自己添麻烦，所以总是对孩子进行各种限制，例如不允许孩子做出出格的举动，说出不切实际的话，孩子的探索欲望和创新能力渐渐萎缩，孩子也就不再积极探索和创新了。

很久以前，有个孩子总是充满了奇思妙想，想象力简直天马行空。邻居都认为孩子是在胡说八道，还有人建议孩子的妈妈好好管教孩子，然而，妈妈对于邻居的建议不以为然："他是个孩子，正是该想象的时候呢，怎么就不能想呢？你们觉得他是在胡说八道，实际上他自己觉得自己很有道理，也认为自己的所思所想非常有趣。"在妈妈的支持和鼓励下，孩子的想象力越来越强。有一天，妈妈正在厨房里做饭，孩子在院子里玩耍，突然发出很大的噪声。妈妈惊讶地问孩子："孩子，你怎么了？有什么事情吗？"孩子大声回答妈妈："妈妈，别担心，我正在尝试着跳到月球上。"妈妈哈哈大笑起来："好吧，你记得在月球上玩一会儿之后，就要回家来吃饭哦！"孩子答应了妈妈。

妈妈的理解和宽容，让孩子始终在健康快乐的环境中长大。后来，孩子果然登上月球，把人类的足迹留在月球上，也为航天事业的发展做出了伟大的贡献。他，就是阿姆斯特朗。

如果妈妈怒斥阿姆斯特朗太过异想天开，说不定阿姆斯特朗的想象力受到打击，未来就没能力真正登上月球。正是因为有了妈妈的理解和包容，正是因为得到了妈妈的支持，阿姆斯特朗才能始终朝着自己梦想努力奋进，最终真正登上月球。还记得美国的莱特兄弟吗？莱特兄弟小时候和爸爸一起去放羊，看到鸟儿从天空飞过，梦想着有朝一日能够和鸟儿一样在天空中飞翔。爸爸没有嘲笑他们的梦想，反而激励他们不断地努力，最终莱特兄弟果然发明出飞机，实现了翱翔天空的梦想。

很多时候，孩子有许多看似无法实现的梦想，但当他们真正全力以赴坚持去做，说不定就能让梦想变成现实，也让一切不可能都成为可能。作为父母，一定不要对孩子的想法表示否定，而是要积极地支持孩子，给予孩子充分的理解和信任，这样孩子才能动力充足，在人生的道路上勇往直前，奔向成功。

孩子具有创新意识是好事

如果说在古代时候，人们要想从一个地方到另外一个地方，往往要经历漫长的时间，进行艰难跋涉和迁徙，那么在现代社会，发达的交通使得人们在很短的时间内就能从一个地方到达另一个地方。尤其是信息时代的到来，更是能够让人们足不出户就知晓天下大事。为此，人们也把硕大的地球称为地球村，这意味着整个地球上的人都变成村子里的邻居，随时随地能够互通有无，也可以凭着心情高兴就互相串串门。正是因为交通的进步、时代的发展，所以很多新生事物层出不穷，很多人更是受到新鲜思潮的影响，脑子变得更灵活，思想变得更先进，人际交往也变得更加密切和频繁。

在这样的时代背景之下，父母如果不能做到与时俱进，紧紧跟随孩子的脚步，就很容易被走在时尚潮流前沿的孩子甩下。传统的父母在听到孩子的各种过分表现之后，会马上严厉批评孩子，甚至对孩子的言行感到十分恼火。实际上，这并不是孩子变坏了，只是孩子变成了新新人类。作为父母，也无须要求孩子必须遵守传统的各种规定，而是可以从容欣赏孩子的与众不同和创新意识。

静静是个很时尚的女孩，随着不断地成长，长相俊美、身材窈窕的她，更是走在时尚的前列。上了初中之后，静静住校了。离开父母的管教，静静感到如释重负，毕竟这样她就可以按照自己的想法去安排生活，也可以穿自己喜欢穿的衣服。

有一个周末，静静回家的时候穿了一条破洞牛仔裤。这条牛仔裤破得很厉害，从膝盖到大腿都是洞。爸爸看到之后很生气地质问静静："咱家是穷成这样子了吗？你必须穿得这么破破烂烂的？"静静不以为然："爸爸，你懂得什么呀，这是时尚。"看到静静不以为然的样子，爸爸更生气了："我不管你什么时尚不时尚的，别人可以这么穿，你就不可以这么穿！"静静看到爸爸动真格的了，非常委屈，含着眼泪说："我们班级里有很多女孩都这么穿，老师都没有说我们呀！"妈妈看到父女俩马上要谈崩了，赶紧来打圆场："哎呀，你干什么呢，孩子穿件衣服你这个当爸爸的就不用管了吧，你管好大的方针政策，管好学习，就行了。"妈妈赶紧把爸爸拉走，又对静静说："静静，你爸爸是老思想，无法接受你的新潮。以后，你可千万不要穿成这个样子回家，我怕他会和你动手呢！"静静觉得很委屈，当即离开家回学校了。

静静说得没错，现在很流行破洞牛仔裤。不过对于思想传统的父母而

言，也许很难接受。其实，穿什么衣服，对于大一些的孩子而言，只要不出格，就是孩子的自由，父母没有必要过多干涉。作为父母，应该更多地关心孩子的思想，让孩子在正确的轨道上成长，这才是最重要的。从另一个方面来说，父母过分干涉孩子，不能理解和宽容孩子，还会导致孩子产生逆反心理，与父母之间关系紧张，那就得不偿失了。

当发现孩子反传统的时候，作为父母，不妨想一想自己年轻的时候。那个时代的自己，也会故意与自己的父母对着干，也会想方设法走在时尚的前列，让自己吸引更多人羡慕的眼光。要想跟上孩子的成长脚步，除了要接受孩子的奇装异服之外，父母还要关注新新人类的词语，从而与孩子顺畅沟通。当然，未必孩子的一切做法都是对的，如果父母实在不能接受孩子的做法，也觉得孩子的行为太过张扬，还可以以引导的方式对孩子循循善诱，温和地与孩子进行沟通，而不要总是粗暴地否定孩子。父母要记住，孩子与父母是两代人，所以父母不理解孩子的文化完全属于正常现象。幸好现代社会是百花齐放、百家争鸣的局面，父母应该宽容地引导孩子，也应该理解和包容孩子，这样才能处理好亲子关系，加深亲子感情，也成功地赢得孩子的尊重和信任。

给孩子展示的机会，让孩子自由自在

孩子天性好动，常常会在各种情境下自由自在地活动，而完全不在乎别人的看法和想法。孩子这样活在自己的世界里，关注自己的心灵自由，无疑是值得父母赞许的，但是当孩子过分好动，且在不合适的场合里表现自己的时候，父母就会感到非常懊恼，甚至认为孩子人来疯。

很多父母都为孩子人来疯感到烦恼，甚至还会担心孩子是否有多动症，所以才会一刻也不停歇地想要表现自己，表现出强烈的表现欲。实际上，有这种担忧的父母完全是因为不了解孩子的脾气秉性和身心发展特点。父母要更加了解孩子的内心，知道孩子所处的身心发展阶段对应的特点，从而才能知道人来疯是孩子成长过程中的必经阶段。如果父母总是强迫孩子保持安静，或者刻意要求孩子必须听从父母的话，那么孩子就会因为天性被压制，而对父母表现出极度不满和憎恨。

从心理学的角度而言，不管是男孩还是女孩，在达到一定的年龄阶段的时候，都会产生强烈的表现欲。他们希望把自己展示给他人看，从而吸引他人的注意力，甚至他们还会表现出过度的热情，让在场的父母感到非常尴尬和难看。然而，这一切都不是孩子故意为之，而是因为期望得到他人的认可，所以孩子才做出这样的表现。从某种意义上而言，有人来疯倾向的孩子往往都是内心孤寂的，他们在日常生活中无法得到他人的关注，就会抓住各种机会博人眼球。当父母对于孩子的这种表现过分关注，甚至以强制的手段要求孩子不得在他人面前表现自己，就会导致孩子自我展示的心理需求得不到满足，也会使得孩子在成长的过程中内心寂寥。

明智的父母知道，对于人来疯的孩子应该采取引导的方式，在满足孩子心理需求的基础上，给予孩子更多的机会表现自己。当孩子如愿以偿得到他人的关注，也能够满足被赞赏的欲望，他们就会感受到父母的理解和他人的尊重，因而人来疯的行为表现也会渐渐地减少。

当孩子因为做出人来疯的表现而无法礼貌热情地接待客人时，父母还可以未雨绸缪，在客人到来之前就告诉孩子怎样才是礼貌地招待客人，怎样才能让客人感受到宾至如归。经过父母的提醒和引导之后，孩子人来疯

的表现就会有所收敛，孩子也就能够把自己的热情转移到正确的发泄渠道中，从而用热情为自己的人际交往加分，也让自己真正成为处处受人欢迎的社交达人。

人来疯的孩子往往有过剩的精力无处发泄，那么父母就要有意识地给孩子提供机会，让孩子可以自由地展示自己，发泄精力。例如，父母可以让孩子当小小接待员，给客人端茶倒水，还可以让孩子在客人面前表演才艺，给客人助兴，这对于满足孩子的心理需求、发泄孩子的精力，都是非常有好处的。

对待人来疯孩子，父母一定要注意，千万不要当着客人的面批评孩子，否则就会使孩子的自尊心受到伤害，也会使孩子感到颜面受损。亲子关系也是普通人际关系的一种，在任何人际关系之中，尊重与付出都是相互的，父母唯有尊重孩子，平等对待孩子，才能得到孩子同样的对待和馈赠。

宽容而不纵容，让孩子始终不脱轨

现代的教育理念，让父母都意识到要宽容地对待孩子，给孩子营造民主和谐的家庭氛围，给孩子空间去自主选择和决定很多事情。的确，和管制相比，宽容是更为有效的家教方式。但是父母也要注意，不要因为过度宽容孩子，而变成纵容孩子，否则就会导致孩子在成长的过程中失去敬畏之心，变得肆无忌惮，无所顾忌。

现实生活中，很多父母都无法把握好对孩子的度。他们或者对孩子过度宽容，导致孩子的成长完全处于放任的状态之中，或者对孩子的管教

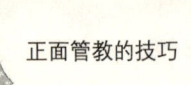

过于严格和苛刻，导致孩子的成长被禁锢，甚至失去喘息的空间。不得不说，这两种极端的教养方式，都不适合家庭教育，也会使得家庭教育无法起到预期的效果。凡事皆有度，过度犹不及，作为父母，要想给予孩子最好的教育，就要把握好合适的度，从而才能在与孩子相处的时候找到正确的方式，也起到最佳的作用和效果。

前文简单说过宽容和纵容的区别，宽容是认识到孩子的错误，也告诉孩子如何改正错误，给孩子讲述正确的道理，从而友善对待孩子，而纵容则是从父母到孩子都不知道错误的存在，也无法正确认知错误，导致错误不断地发展和蔓延，最终造成严重的后果。由此可见，宽容能够让孩子始终在正确的轨道上前进，时刻接受父母善意的引导和教会，而纵容只会让孩子脱离正轨，不知所踪。当父母对孩子始终采取纵容的孩子，孩子的人生甚至有可能走向彻底毁灭。也可以说，比起溺爱，纵容对孩子的影响更加恶劣。要想避免由宽容变为纵容，父母在宽容孩子时就要坚持原则，始终保证孩子健康快乐成长。

小丽很小的时候就失去爸爸，与妈妈相依为命，可谓身世凄苦。为了让小丽生活得更幸福，妈妈总是想方设法满足小丽的需求，从来不让小丽觉得生活不如别人。为了抚养小丽长大，妈妈还一直守寡，从未再婚。在妈妈无微不至的关爱和照顾之中，小丽渐渐长大，进入青春期。

进入青春期之后，妈妈明显感觉到小丽和以前不同。以前，小丽只是任性，希望妈妈能够尊重她，满足她的愿望，现在小丽却很骄横跋扈，即使在和辛苦抚育她成长的妈妈沟通时，小丽也总是要求妈妈听她的。如果妈妈对于小丽所说的话有什么异议，小丽就会歇斯底里，和妈妈闹个不停。小丽对于金钱的渴望也越来越强烈，常常缠着妈妈索要各种东西，有的时候索性直接要钱。妈妈如果不同意，小丽就发脾气，就不停地哭泣，

还说自己没有爸爸很可怜。在这种情况下，妈妈就很伤心，也非常心疼小丽。后来，小丽越来越骄纵，居然和社会上的混混勾搭到一起，导致学习成绩一落千丈，还在学校里造成了恶劣的影响。接到学校里的劝退学通知，妈妈非常震惊，这才意识到自己的行为对小丽不是宽容，而是纵容。

每个人都要学会为自己的行为负责，孩子也是如此。父母对孩子的骄纵溺爱，会让孩子的行为失去尺度和限度，甚至误以为自己不管做什么都可以。在这种情况下，如果父母继续包容孩子，为孩子承担一切后果，则孩子只会变本加厉，导致出格和过分的行为愈演愈烈，直到触犯法律，酿成严重的后果。

父母要宽容孩子，而不是纵容。当发现孩子故意做出破坏性行为时，父母要引导孩子进行合理的情绪发泄，而不要允许孩子肆意破坏东西。在教养孩子的过程中，哪怕孩子还很小，父母也要为孩子制定规矩，告诉孩子哪些事情能做、哪些事情不能做，从而让孩子拥有规矩意识，也能遵守规矩。还记得北京八达岭野生动物园里发生的老虎伤人事件吗？在野生动物园中动物可以自由活动的区域内下来换座位，这简直就是疯狂的举动，无异于在诱惑老虎。这件事情没过多久，又有一个男子为逃票翻墙进入动物园，结果不小心在翻墙之后落入老虎的活动领域，也导致生命受到伤害。观察这些事件我们不难发现，很多成人在社会生活中遭遇意外的伤害和打击，都是因为没有规矩意识导致的。

做人，一定要有敬畏之心。敬畏自然，才能知道生命的渺小；敬畏规矩，才能主动遵守规矩；敬畏法律，才能不触犯法律；敬畏生命，就不会无所顾忌地拿生命开玩笑。固然，人作为万物之灵长，力量是巨大的，但是在大自然面前，在生命面前，人又是渺小的。在教育孩子的过

程中，父母一定要教会孩子敬畏，让孩子对于生命和外界的一切都满怀敬畏之心，孩子才不会放纵自己的言行举止，也不会因为失去约束而变得疯狂。

参考文献

[1]孙晓.这样跟孩子说话，孩子最不会抵触[M].北京：北京理工大学出版社，2015.

[2]万象.好孩子不是管出来的[M].南京：江苏凤凰出版社，2016.

[2]李静.陪孩子走过3~6岁敏感期[M].北京：北京时代华文书局，2017.